rosenheimer raritäten

Barbara und Marlies Müller

ALTE HÄKELSPITZEN 2

Muster aus deutschen Bürgerhäusern

rosenheimer

Inhalt

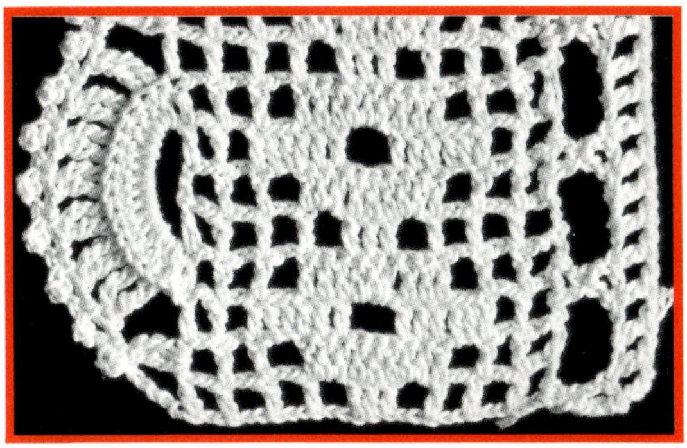

Stickmusterzeichnung für die Mitteldecke mit Häkelspitzen
zur Farbseite 26.

Vorwort

Ein Vorwort zum zweiten Band kann wirklich nur mit einem Dank beginnen. Dank an alle, die uns begeisterte Briefe geschrieben haben. Dank an alle, die uns ermuntert und gebeten haben, weiterzuarbeiten. Und vor allem Dank an alle, die für uns in Kisten und Kästen gekramt haben. Eine Flut von alten Fleckerln, Deckchen, aber auch großen Wäschestücken mit wunderschönen alten Häkelspitzen hat uns erreicht – mehr als ein zweiter Band fassen kann. Es waren so schöne Muster dabei, daß wir nicht widerstehen konnten.
Das Ergebnis von zwei Jahren Häkeln und Auftrennen, neu Häkeln und Aufschreiben haben Sie nun in der Hand. Wir können nur hoffen, daß Sie wieder viel Freude daran haben.
Für die Geduldigeren oder Mutigeren unter Ihnen haben wir diesmal breitere Spitzen und Einsätze aufgezeichnet. Die breiteren Spitzen sind vor allem für Vorhänge gedacht. Aber auch schmale und etwas außergewöhnliche sind dabei. Wir glauben, daß eigentlich wieder jede Häkelfreundin »ihre« Muster finden kann.
Bedanken möchten wir uns auch bei unserer Grafikerin, die nach manchmal sehr eigenwilligen Aufzeichnungen die schönen Schriftbilder gezeichnet hat.
Ein besonderes Vergelt's Gott für das Überlassen der Spitzen Frau Fink aus Ulm, Frau Kiefer aus Krailling, Frau Kölz aus Augsburg, Frau Kursell aus Stockdorf, Frau Niklaus und Frau Rück aus Neu-Ulm, Frau Sailer aus Gundelfingen, Frau Strebl aus Stockdorf und Frau Zeller aus Stuttgart. Dank gebührt auch unserer Schwiegermutter, die die vielen Meter Spitze für den Vorhang auf Seite 28 gehäkelt hat. Und nicht zuletzt herzlichen Dank an unsere Männer und Kinder, die immer Nachsicht geübt haben, wenn wir nur noch an Luftmaschen und Stäbchen dachten!

Liebe Häklerinnen, wir wünschen Ihnen
viel Zeit zum Arbeiten
und Freude an den neuen alten Mustern!

Barbara und Marlies Müller

Zeichenerklärung

o = *Luftmasche:* Faden durch die Schlinge holen

v = *feste Masche:* Nadel einstechen, Schlinge durchziehen und beide Schlingen zusammen abmaschen

K = *Kettmasche:* einstechen, Schlinge durchziehen und sofort durch die auf der Nadel liegende Masche ziehen

 = *halbes Stäbchen:* Faden um die Nadel legen, einstechen und die Schlinge durchholen, alle drei Schlingen zusammen abmaschen

 = *Stäbchen:* Faden um die Nadel legen, einstechen, Schlinge durchziehen, dann paarweise abmaschen

 = *doppeltes Stäbchen:* Faden zweimal um die Nadel legen, einstechen, Schlinge durchholen, paarweise abmaschen

 = *dreifaches Stäbchen:* Faden dreimal um die Nadel legen, einstechen, Schlinge durchholen, paarweise abmaschen

 = *Kreuzstäbchen:* Faden zweimal um die Nadel legen, durch die erste Masche der Vorreihe den Faden holen, zwei Schlingen abmaschen, Faden erneut um die Nadel legen und in die dritte Masche der Vorreihe einstechen, Schlinge durchziehen, paarweise abmaschen, 1 Luftmasche, Faden um die Nadel legen und durch den Kreuzpunkt der drei bisher entstandenen Stäbchen holen, paarweise abmaschen

 = *Gabelstäbchen:* Faden zweimal um die Nadel legen, Schlinge durchholen, zwei Schlingen abmaschen, Faden wieder um die Nadel legen, in die nächste Masche der Vorreihe einstechen, Schlinge durchziehen und alle Schlingen paarweise abmaschen.

P = *Pikot:* vier Luftmaschen, mit einer festen Masche zurück in die erste der vier Luftmaschen

W = *Wendeluftmasche:* eine Luftmasche zum Wenden der Arbeit

 = *Luftmaschen zum Wenden der Arbeit:* zugleich als Stäbchenersatz (für ein normales Stäbchen 3 Luftmaschen, doppeltes Stäbchen 4 Luftmaschen)

↗ = Anfang *und* in dieser Richtung weiter arbeiten

① = Nummern für die einzelnen Arbeitsgänge

↗ = *festmachen:* Schlinge von der Nadel lassen, durch die andere Masche stechen und die Schlinge durchziehen

 = *zusammen abgemascht: bei festen Maschen* nur die Schlinge durch die Masche der Vorreihe holen, Vorgang nach Angabe wiederholen, dann alle Schlingen zusammen abmaschen

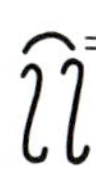 = *zusammen abgemascht: bei Stäbchen:* jeweils nur ein Schlingenpaar abmaschen, nach Erreichen der nötigen Anzahl von Stäbchen mit dem letzten Stäbchen die Schlinge durch alle anderen Stäbchen ziehen

Praktische Arbeitshinweise

Zum Garn: Wir haben alle Muster in Baumwoll-Cable-Garn mit Nadeln Nr. 2 bzw. 1,75 gearbeitet, weil man so die einzelnen Muster besonders gut erkennen kann.
Selbstverständlich können alle Muster mit jedem beliebigen Garn gearbeitet werden. Die Nadelstärke richtet sich nach den Angaben auf dem Garn. Grundsätzlich gilt: Je stärker das Garn und je dicker die Nadel, desto größer fällt die Arbeit aus und umgekehrt. Wenn Sie sehr locker arbeiten, können Sie die Nadel auch eine halbe bis eine ganze Nummer dünner als angegeben wählen.
Wolle ist nicht besonders geeignet, da das Maschenbild durch die abstehenden Fasern leicht verschwimmt. Das kann jedoch manchmal auch ein gewünschter Effekt sein.

Hin- und hergehende Reihen: Falls nichts anderes angegeben ist, werden die Spitzen in hin- und hergehenden Reihen gearbeitet. Man wendet also die Arbeit stets wie in der Schrift angegeben und häkelt so lange, bis die Spitze die gewünschte Länge erreicht hat.

In Runden arbeiten: Die Maschenzahl der Grundreihe richtet sich bei diesen Spitzen nach der gewünschten Länge und nach der Maschenzahl, die für den Musterrapport notwendig ist.
Sie sollten auch beachten, daß die Luftmaschenkette beim Behäkeln etwas an Länge einbüßt. Wenn Sie genug Luftmaschen gehäkelt haben, wird die Grundreihe mit einer Kettmasche geschlossen. Dazu müssen alle Maschen ganz glatt liegen, das heißt die Kette darf sich nicht um sich selber drehen, da sich sonst auch die Spitze verdrehen würde. Bei sehr langen Luftmaschenketten, zum Beispiel für Tischdecken, Bettwäsche oder Tischläufer, wäre es sinnvoll, wenn Sie ein eigenes Knäuel für die 1. Reihe verwenden würden, um dann die nötigen Luftmaschen ergänzen zu können.
Man kann Spitzen, die in Runden gearbeitet werden, allerdings auch in offenen Reihen häkeln. Dazu müssen Sie wieder die nötige Anzahl von Grundmaschen ar-

beiten. Dann wird der Faden abgeschnitten und mit jeder Reihe vorne neu begonnen. Bei dieser Arbeitsweise müssen nach Fertigstellung der Spitze alle Fäden am Anfang und am Schluß der Arbeit gut und unsichtbar vernäht werden.

Nummern für verschiedene Arbeitsgänge: Wenn eine Spitze aus mehreren Teilen besteht, haben wir die einzelnen Arbeitsgänge mit Nummern versehen. Um die Übersicht zu behalten, sollten Sie jeden einzelnen Arbeitsgang vollständig beenden, bevor Sie mit dem nächsten beginnen.

Spitzen an Wäschebändern: Hier haben sich Bänder mit einer vorgearbeiteten Lochreihe (ähnlich wie bei Taschentüchern zum Behäkeln) als sehr günstig erwiesen. Der überstehende Stoff wurde auf ½ cm zurückgeschnitten, umgeschlagen und die Lochreihe umhäkelt. Sie können bei der Grundreihe feste Maschen, eine feste Masche und eine Luftmasche oder nur Stäbchen häkeln.
Selbstverständlich können Sie diese Spitzen auch an Borten oder direkt an einen Stoff häkeln. Sie müssen allerdings darauf achten, daß sich die Borten beim Behäkeln nicht verziehen. Auch sollte der Stoff vorher gesäumt werden.

Spitzen an Zackenlitzen: Die von uns verwendeten Zackenlitzen haben eine Breite von zwei Zentimetern. Wenn Sie eine schmälere Zackenlitze verwenden wollen, müssen Sie auch ein dünneres Garn auswählen.

Eckenbildung: Bei den Spitzen auf S. 56 und S. 86 finden Sie jeweils eine passende Ecke. Bei fast allen Spitzen ist es möglich, eine Ecke zu bilden. Drei Arbeitsweisen haben sich dabei als praktisch erwiesen:
1. Man arbeitet ein längeres, gerades Stück der gewünschten Spitze. Damit legt man dann an der Stelle, die am besten aussieht, eine Ecke (siehe Zeichnung 1). Nun befestigt man den hinteren Zipfel mit einer Stecknadel, damit die Ecke gut liegen bleibt. Von diesem Muster kann man die Ecke sozusagen »nach Vorlage« abhäkeln.
2. Man kann eine Ecke auch mit einem randlosen Spiegel anfertigen. Dazu stellt man den Spiegel senkrecht in einem Winkel von 45° so auf ein gerades Stück der Spitze, daß man eine harmonische und gut zu arbeitende Ecke sieht. Nun kann

man diese Ecke entweder abzeichnen oder, falls man den Spiegel aufstellen kann, auch gleich abhäkeln.
3. Diese Methode ist wesentlich einfacher, allerdings auch nicht gerade klassisch. Hierzu arbeiten Sie gerade Stücke Ihrer Spitze in der gewünschten Länge und häkeln dann nachträglich jeweils ein »Phantasiemuster« als Ecke dazwischen (siehe Zeichnung 2). Dabei sollte nach Möglichkeit ein Element aus der Spitze vorkommen.

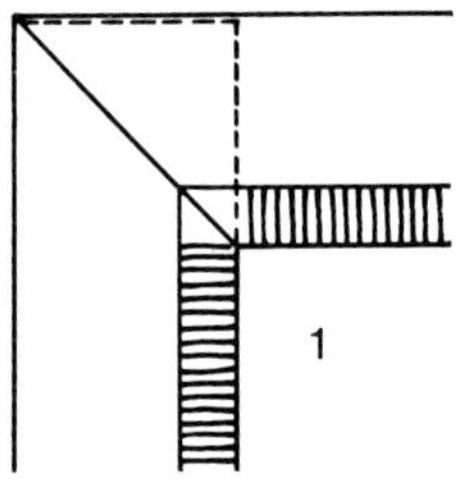

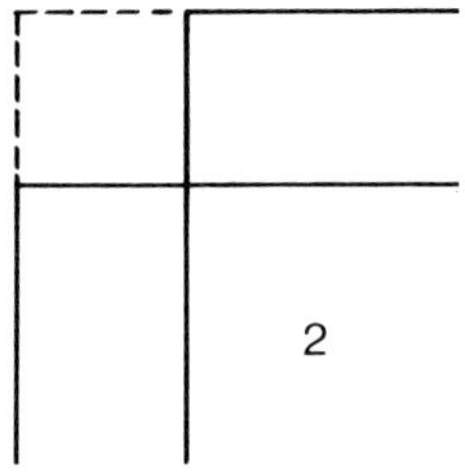

Variationen: Selbstverständlich können Sie die Spitzen auch verändern. Ihrer Phantasie sind dabei keine Grenzen gesetzt. Beispielsweise können Sie den großen Einsatz (Seite 78) zu einer Spitze umwandeln, indem Sie jeweils nach den sieben Randstäbchen des Mittelstreifens wenden. So bekommen Sie statt eines glatten Randes Zacken.

Anmerkungen zu den Gegenständen

Die Tasche: ist aus feinem Leinen gearbeitet. Sie können aber ebensogut Nessel verwenden. Man braucht ein Stück von 50 cm Breite und 70 cm Länge. Die Henkel werden 6 cm breit und 75 cm lang zugeschnitten. Aus der nebenstehenden Zeichnung können Sie erkennen, wie die Tasche genäht wird.
Für die Spitze (Seite 45) haben wir 4 Rollen Perlgarn Nr. 8 mit Nadel Nr. 1,25 verarbeitet. Die Außentasche besteht aus dem geraden Musterteil der Spitze. Es wurde sechsmal nebeneinander gearbeitet – 20 Reihen hoch.

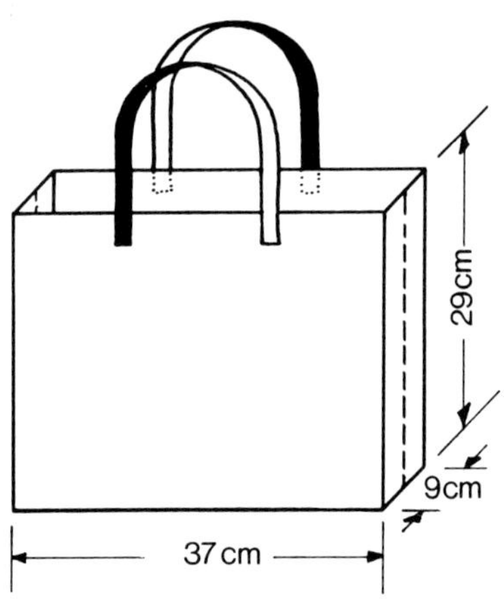

Die Bluse: Auf Seite 25 ist aus Bourettseide genäht. Damit die Spitze genauso weich fällt wie der Blusenstoff, haben wir weißes Perlgarn Nr. 8 mit einer Nadel 1,25 verarbeitet. Feine Häkelkunstseide wäre aber sicher auch sehr schön.

Die Mitteldecke: Die verwendete Zackenlitze (2 cm breit) wurde mit Tee eingefärbt, passend zum Beigeton des Schweizer Leinens. Die Litze haben wir mit Rot-Tulpe von MEZ umhäkelt. (Häkelnadel Nr. 1,75)

Die Vorhänge: Diese Spitze wurde mit feinerem Baumwollgarn (Fil d'Écosse Nr. 16) und Häkelnadel Nr. 1,75 gearbeitet.

Schmale Spitzen

an Blusen (Dirndlblusen), Sets und Taschentuchspitzen

1

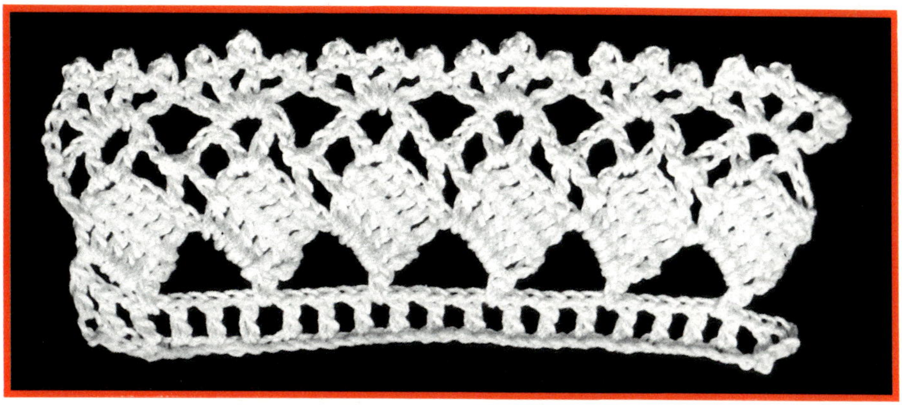

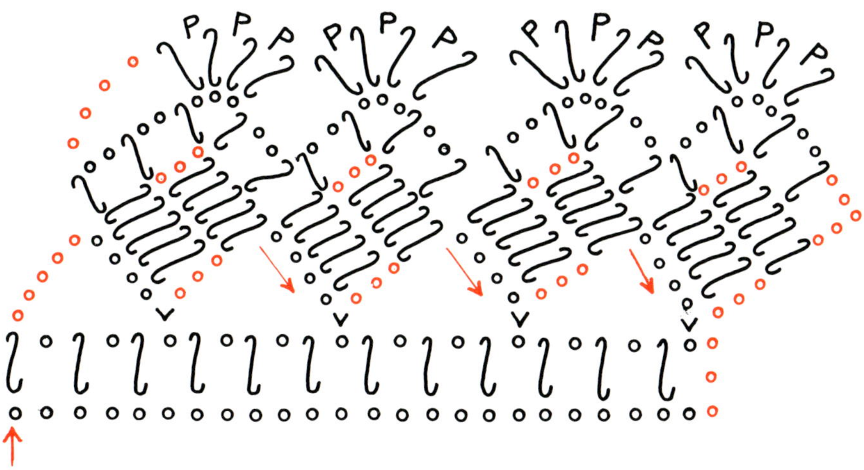

In Runden arbeiten; Rapport = 7 M

2

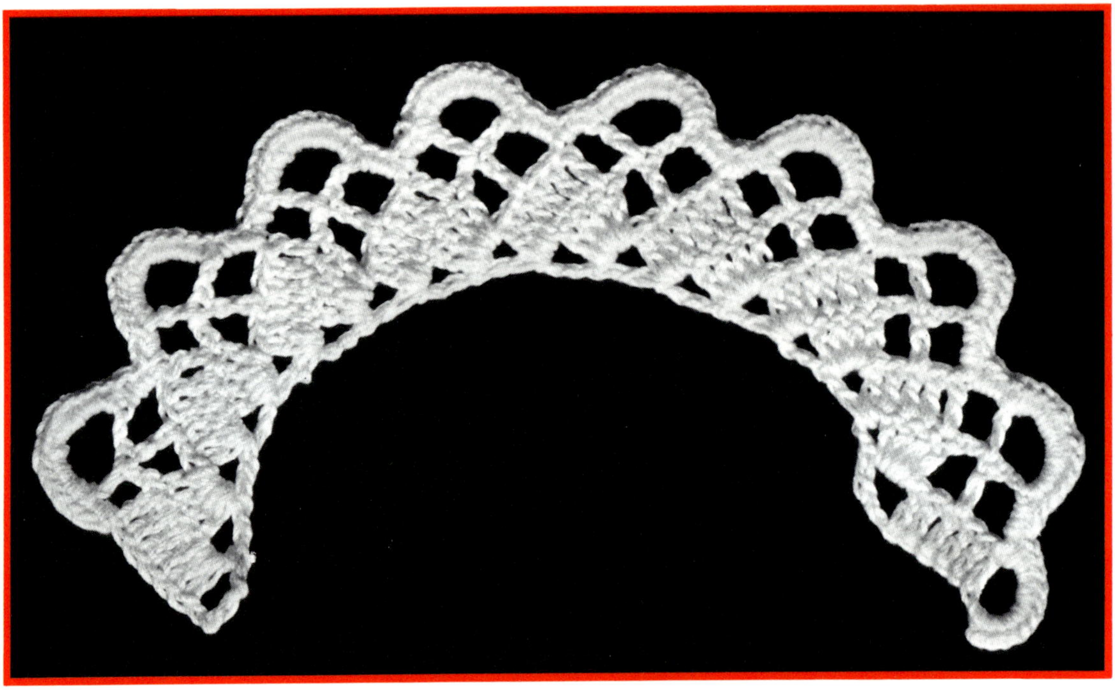

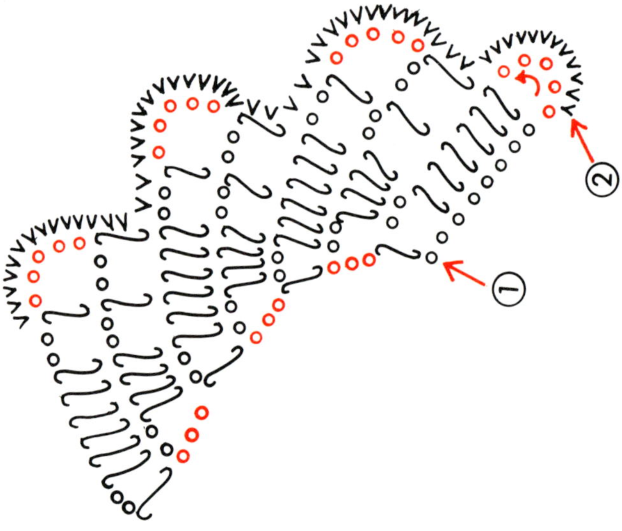

3

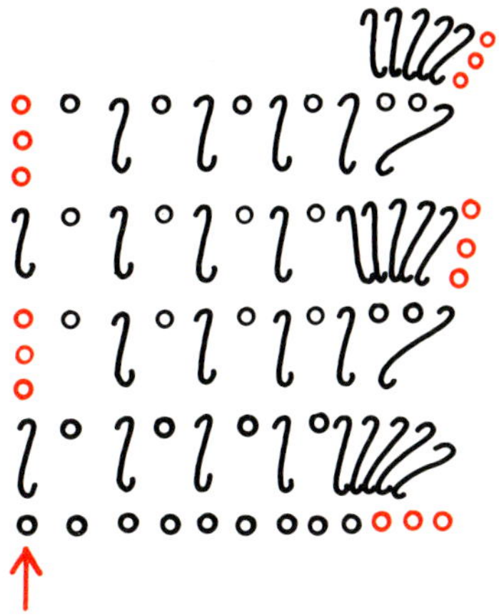

4

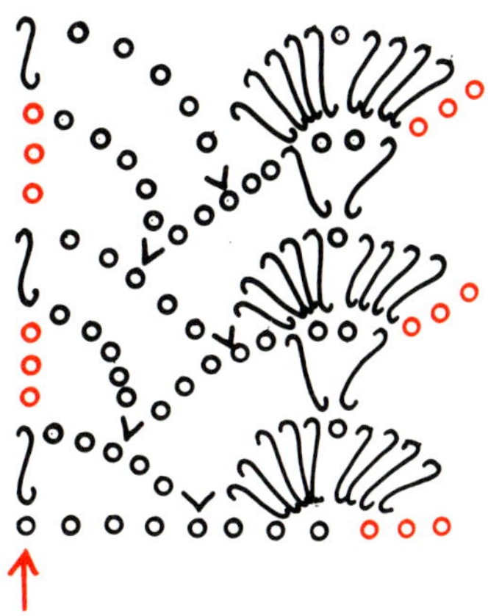

5

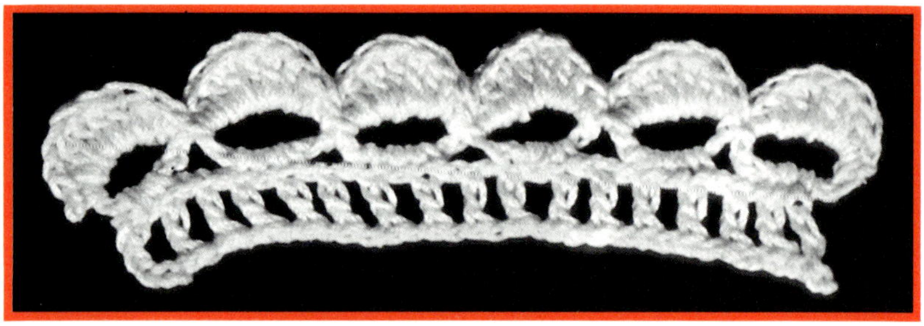

In Runden arbeiten;
Rapport = 6 M

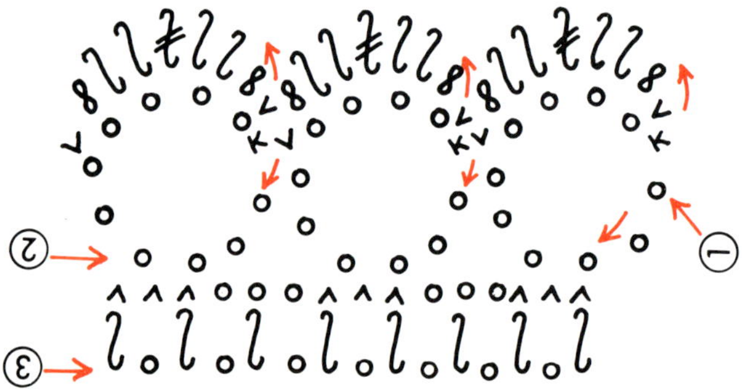

6

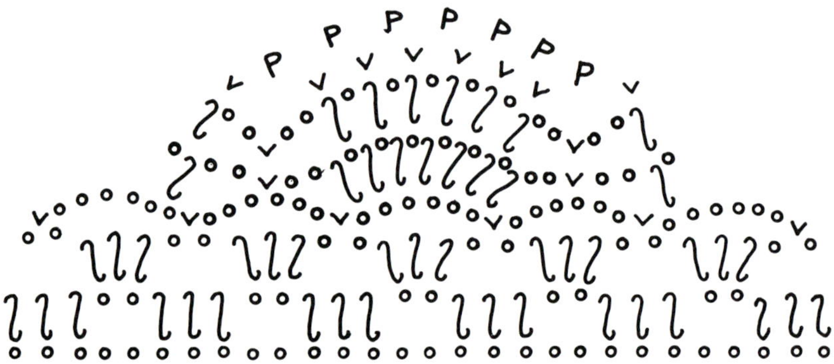

In Runden arbeiten;
Rapport = 18 M

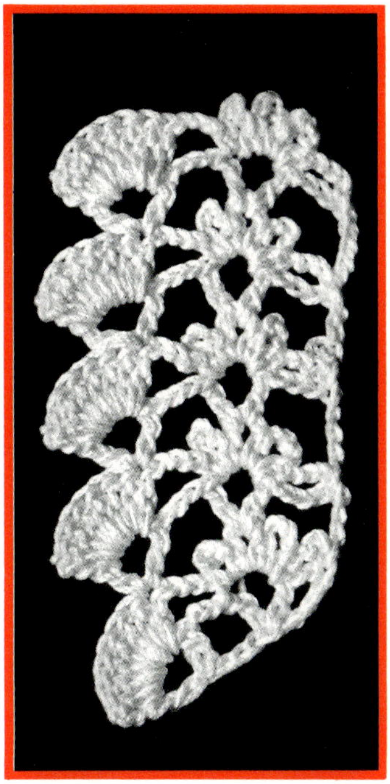

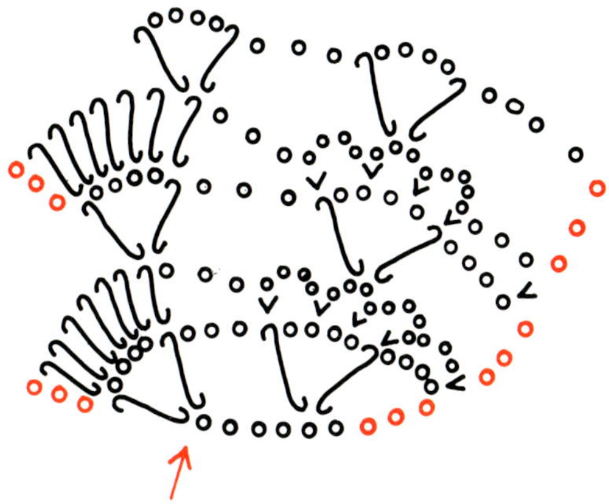

7

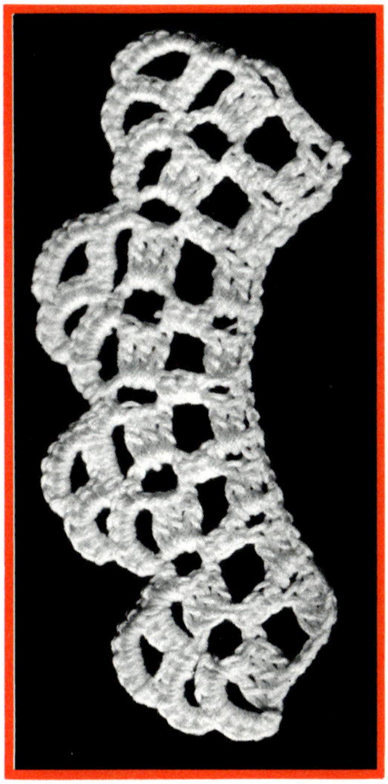

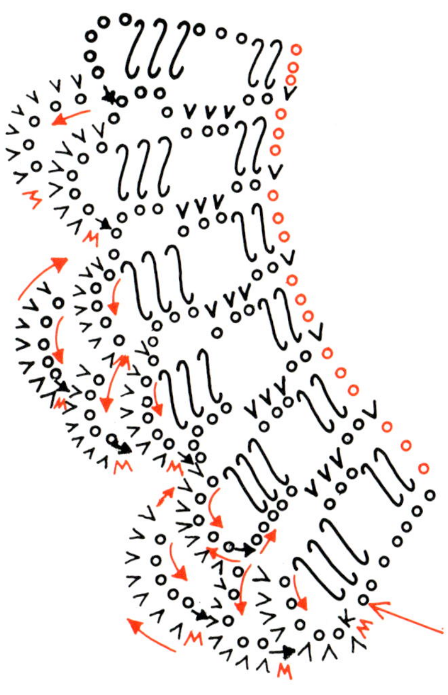

8

9

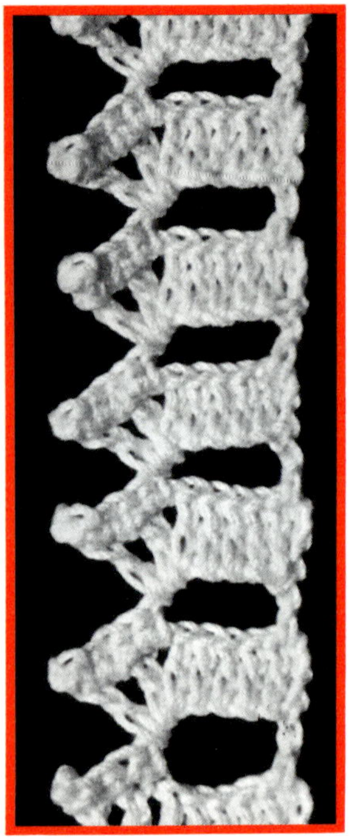

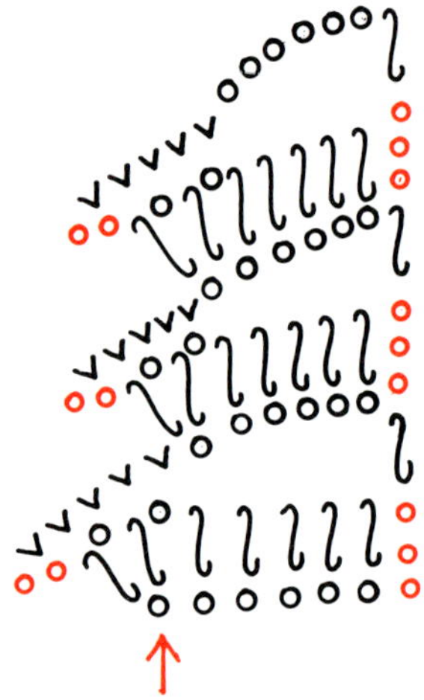

10

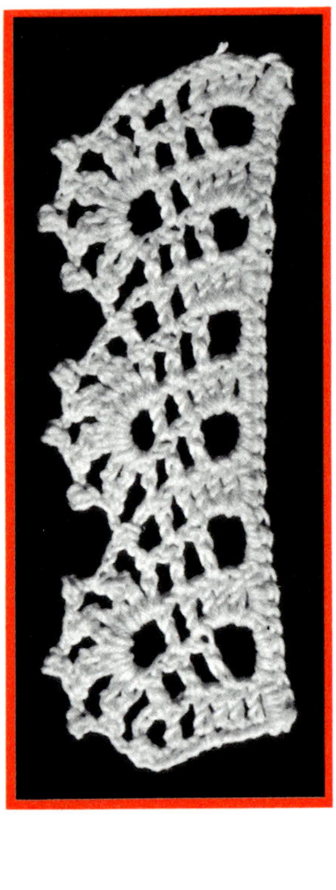

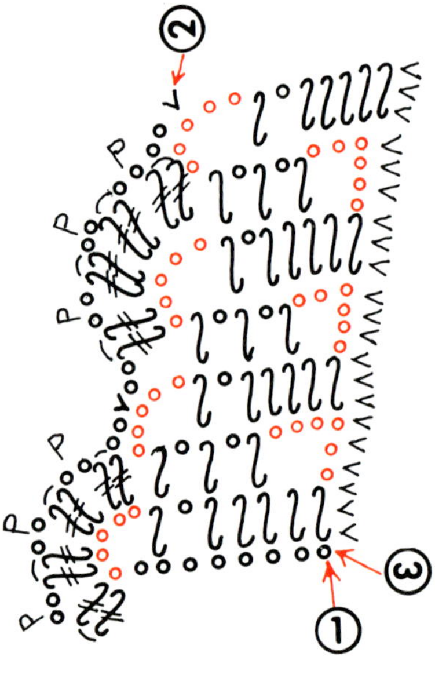

11

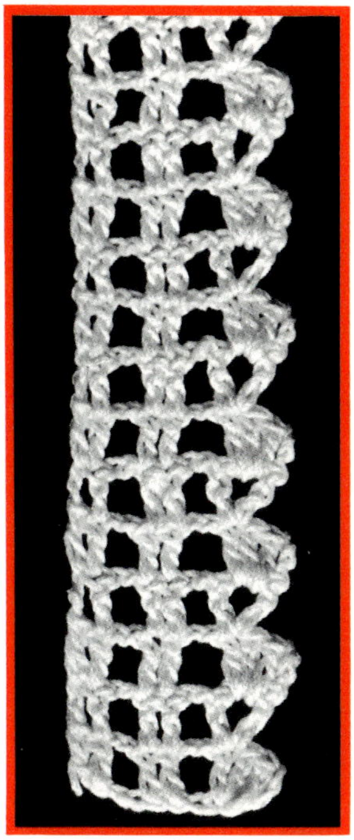

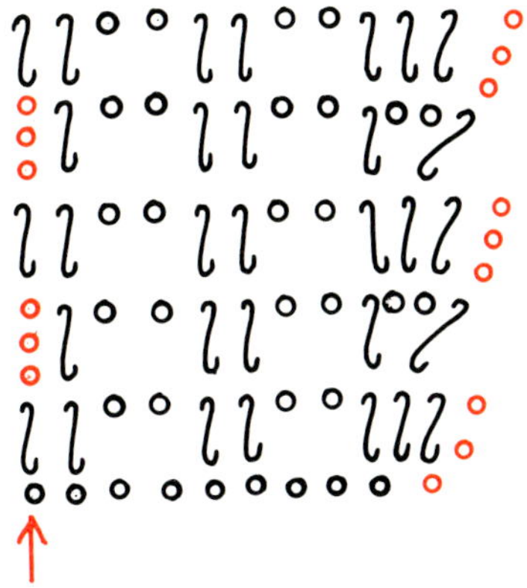

12

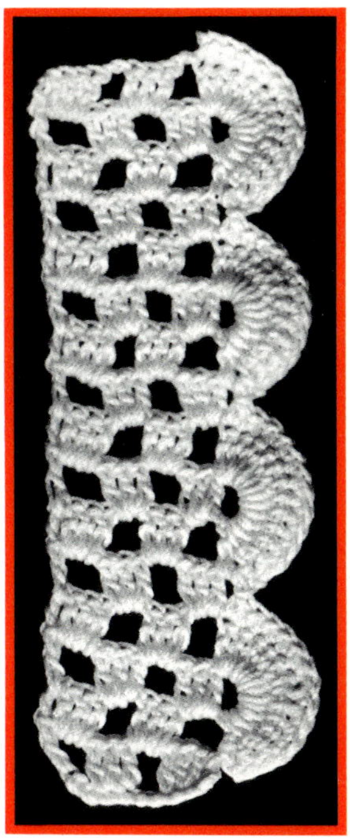

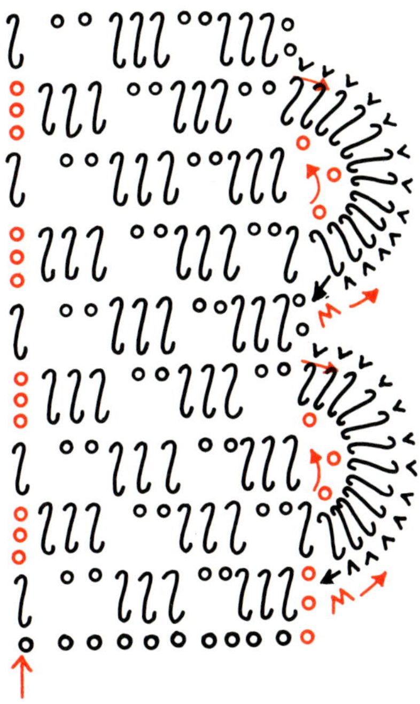

13

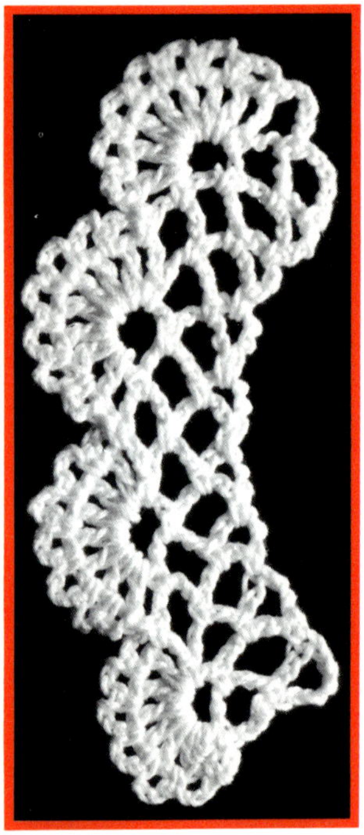

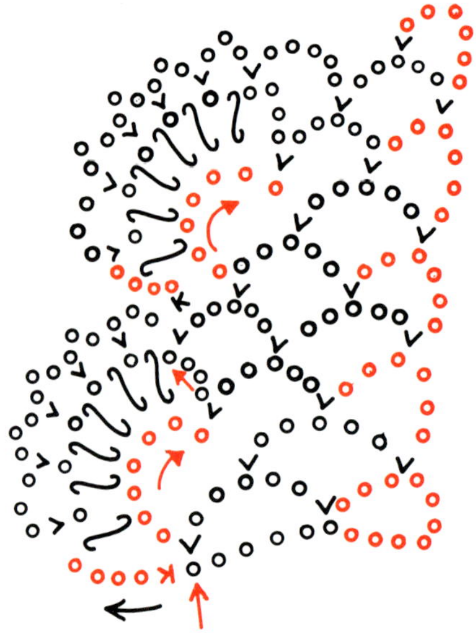

14

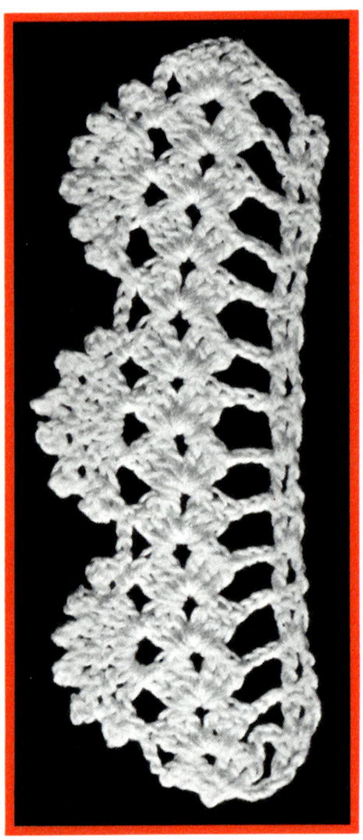

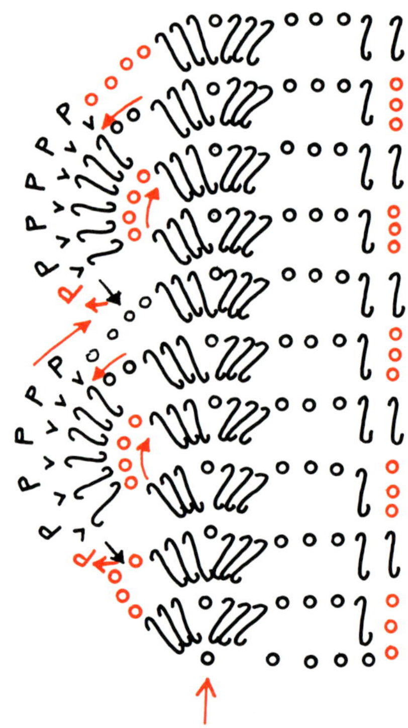

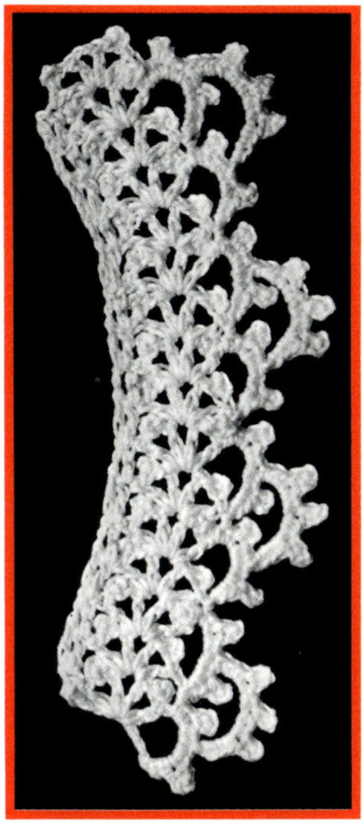

15

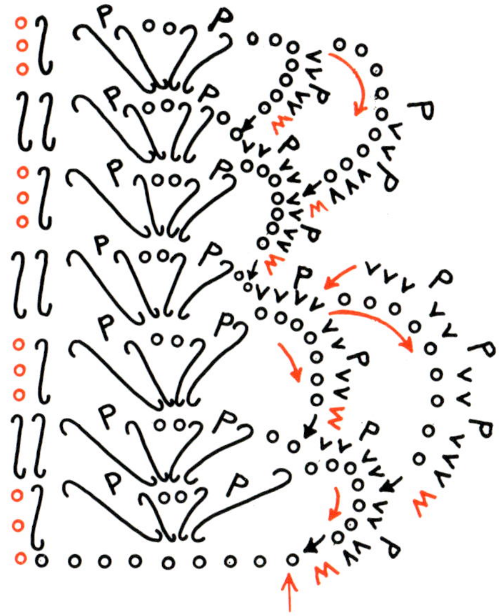

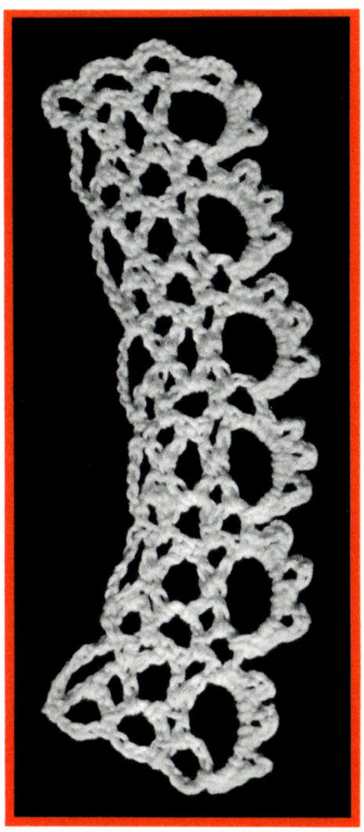

16

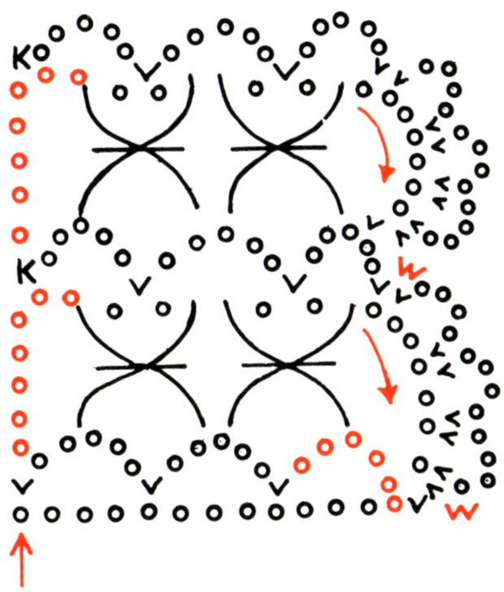

Mittelbreite Spitzen

Nr. 1 ist die Spitze an der Tischlampe,
Nr. 3 wurde für die Seidenbluse verwendet,
Nr. 8 haben wir an die Vorhänge gearbeitet,
und Nr. 15 wurde für die Kinderbettwäsche gehäkelt

1

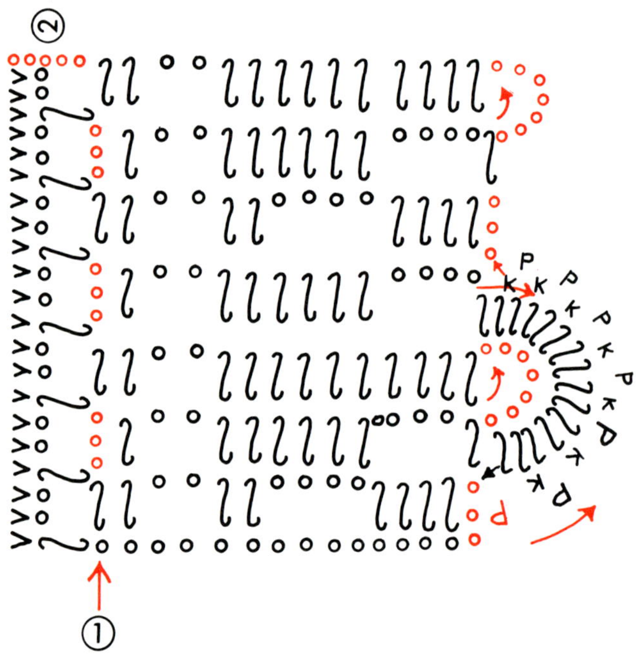

Bei den Stäbchen in das hintere Maschenglied einstechen.

2

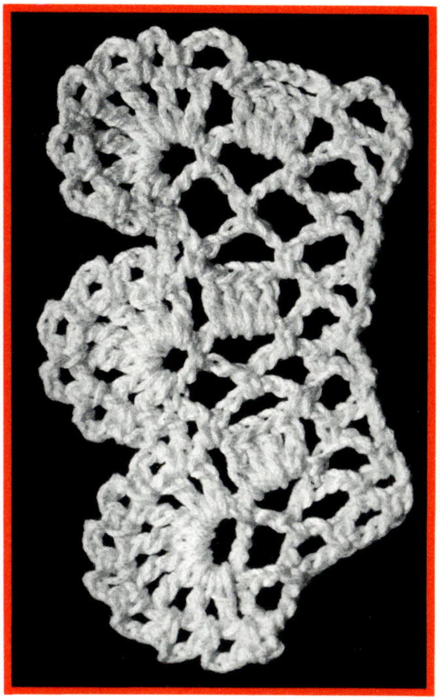

= 5 Lfm.

3

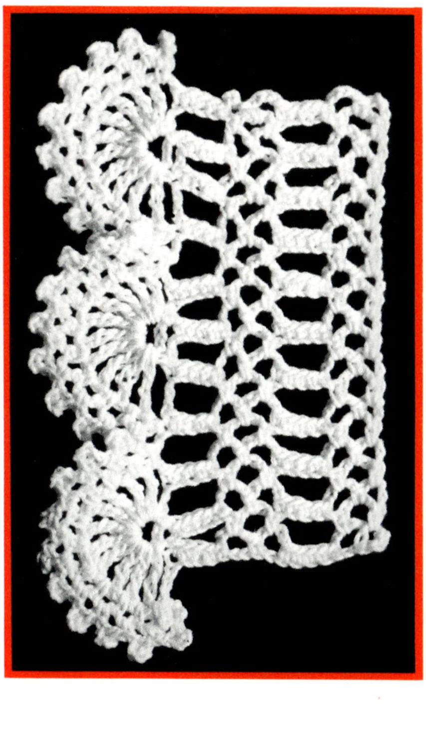

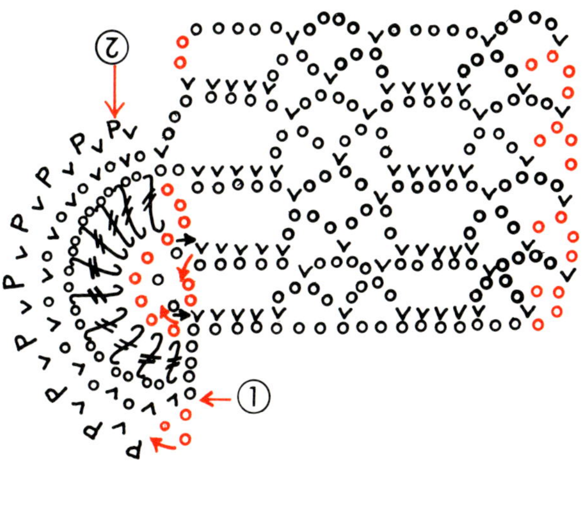

4

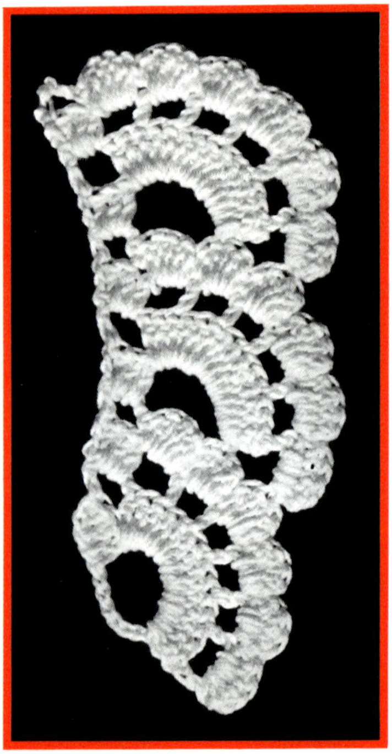

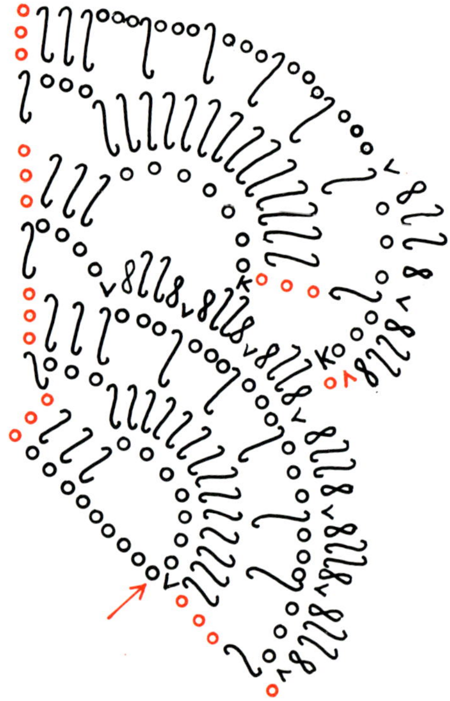

5

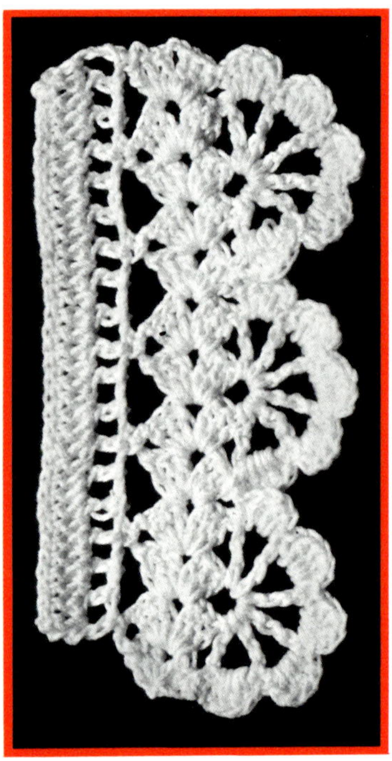

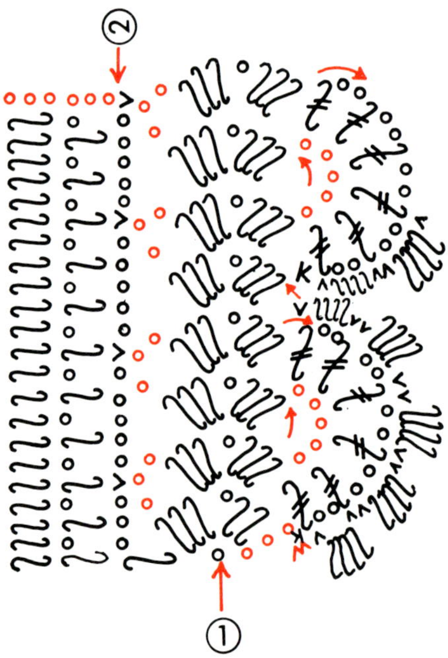

Die Spitze an der Seidenbluse ist auf Seite 23, die der Leinentasche auf Seite 45 abgebildet.

Die Spitze an dieser Decke finden Sie auf Seite 98 unten.

Die Babybettwäsche haben wir mit der Spitze auf Seite 35 behäkelt.

Die Vorhangspitze finden Sie auf Seite 30 und die für die Lampe auf Seite 22.

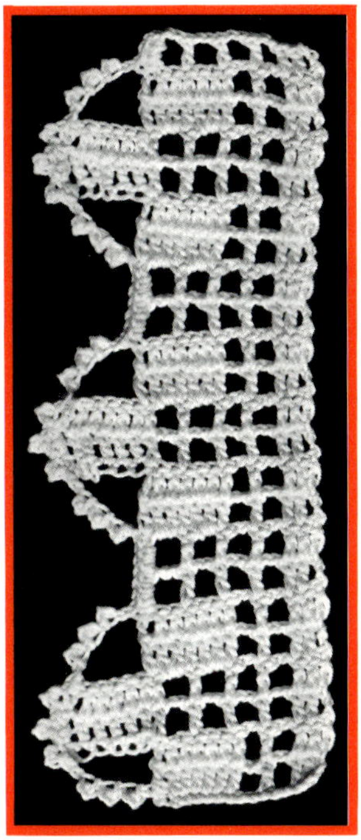

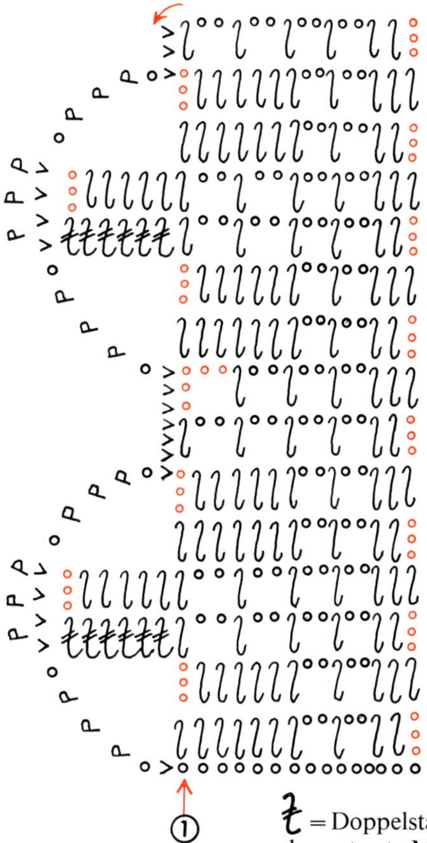

6

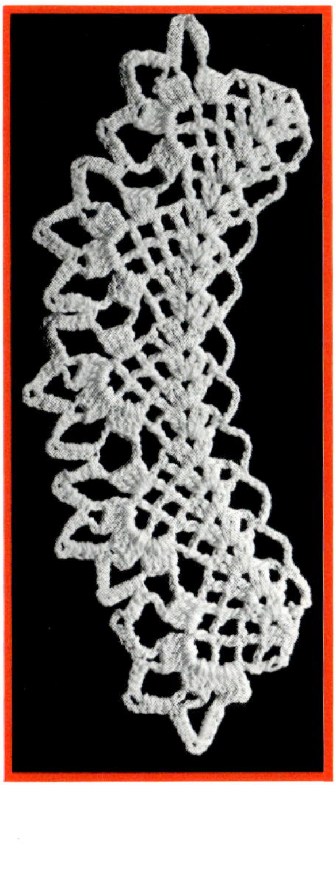

$\overline{\mathfrak{t}}$ = Doppelstäbchen, in das unterste Maschenglied des vorhergehenden Stäbchens bzw. Doppelstäbchens einstechen.

7

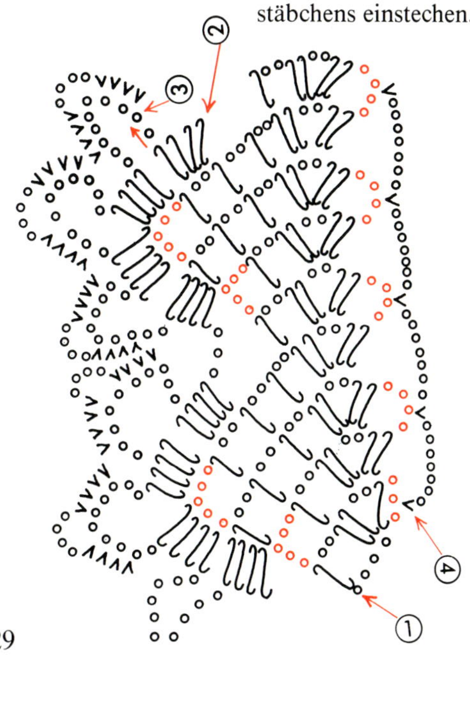

8

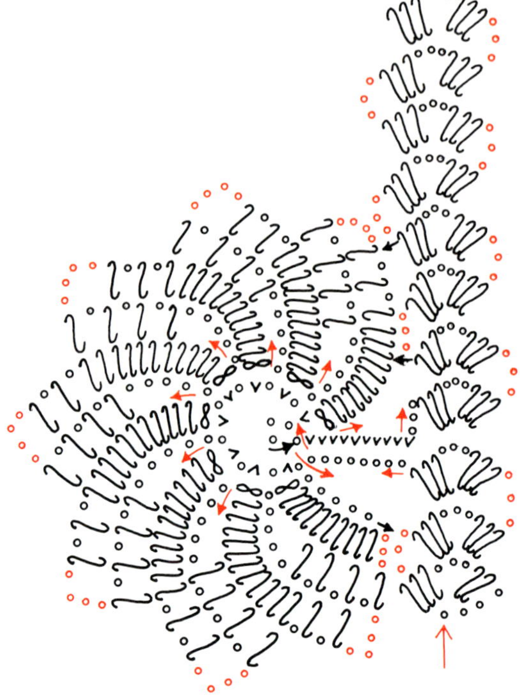

9

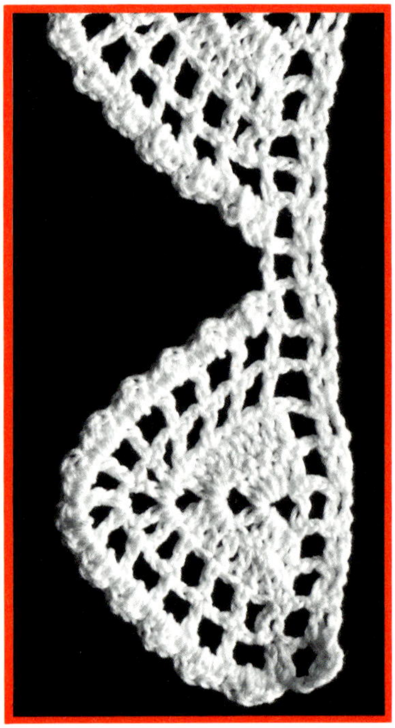

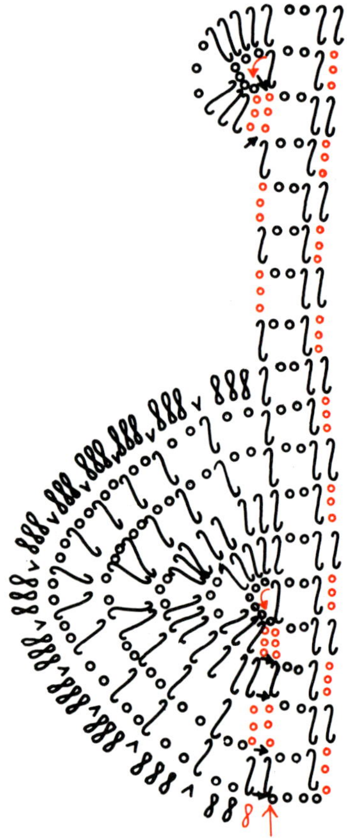

10

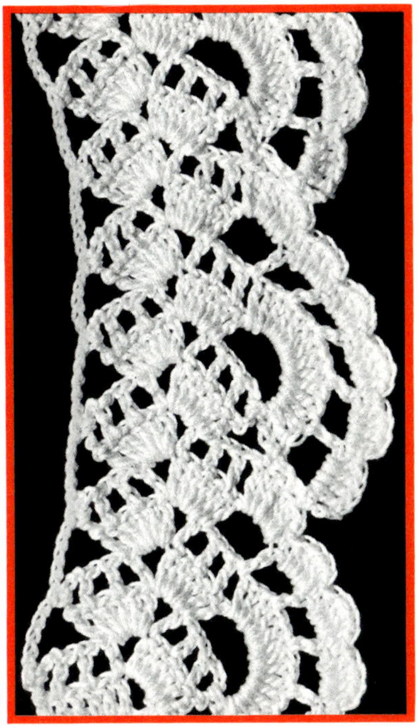

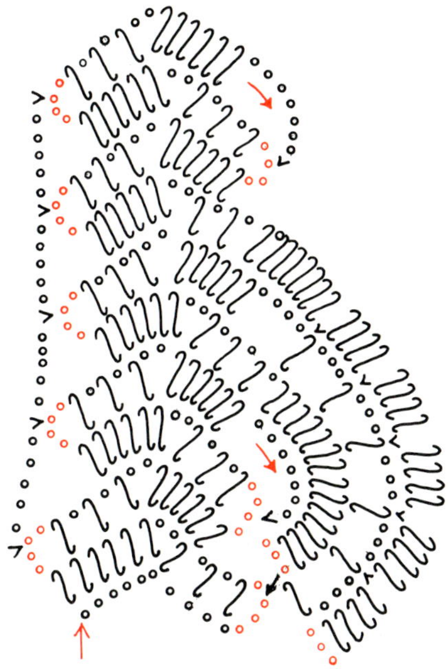

11

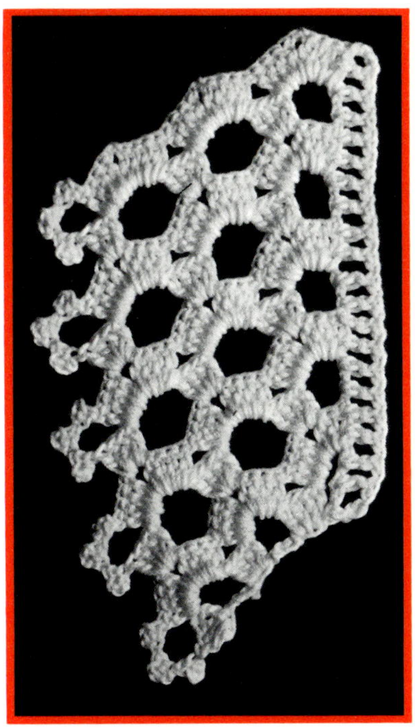

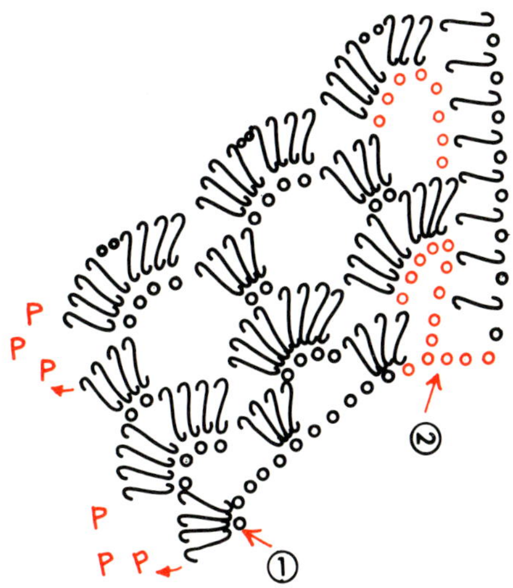

12

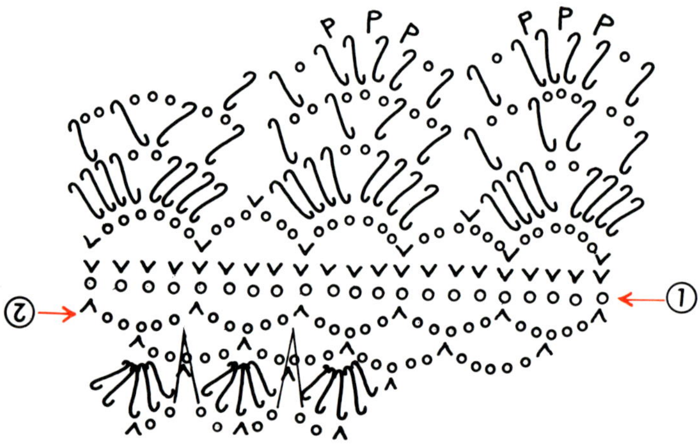

13

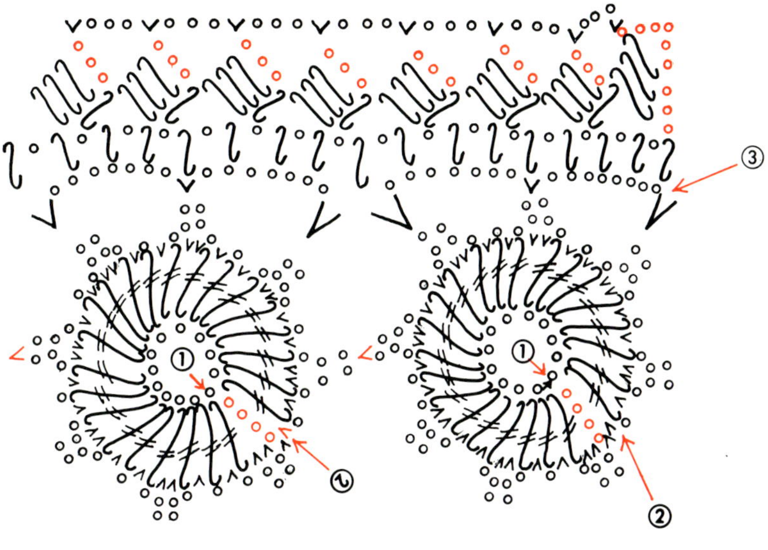

14

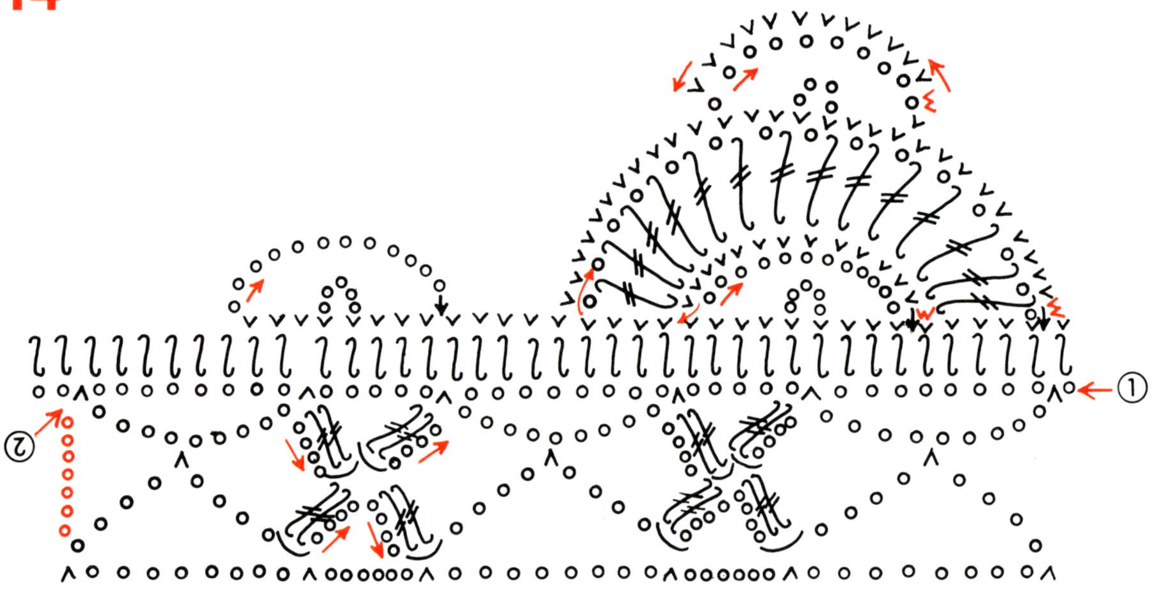

In Runden arbeiten

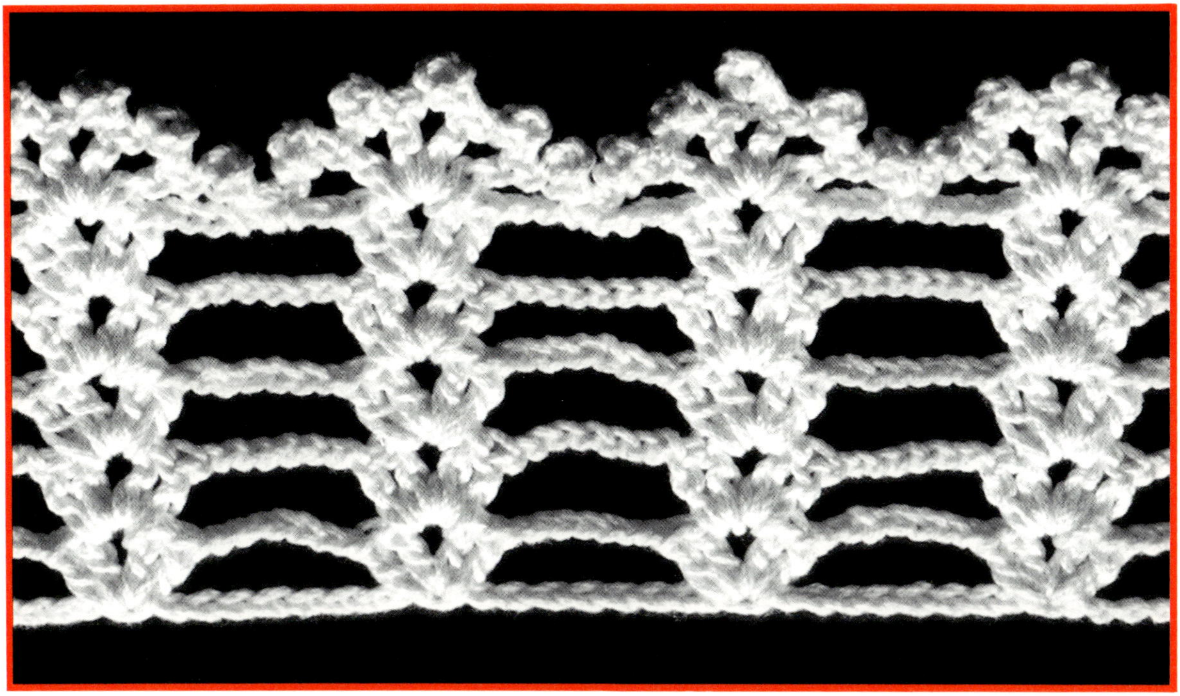

15

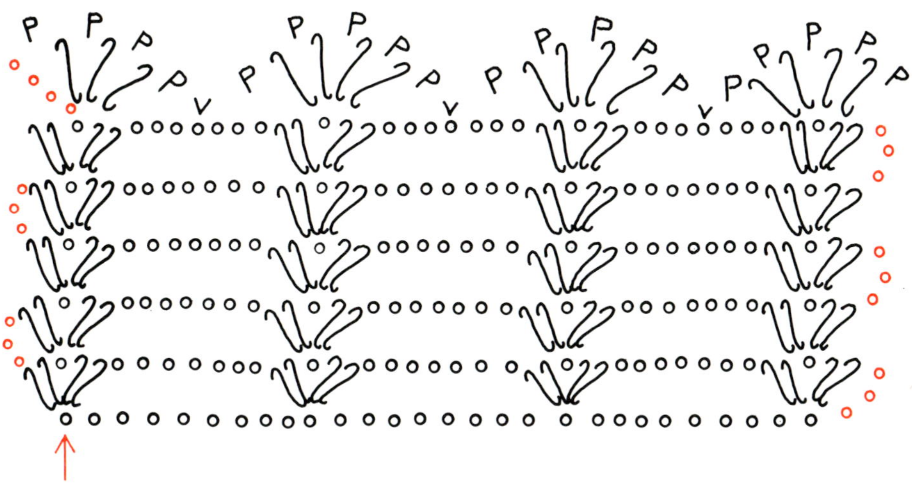

In Runden arbeiten; Rapport = 9 M, kann auch in hin- und hergehenden Reihen gearbeitet werden.

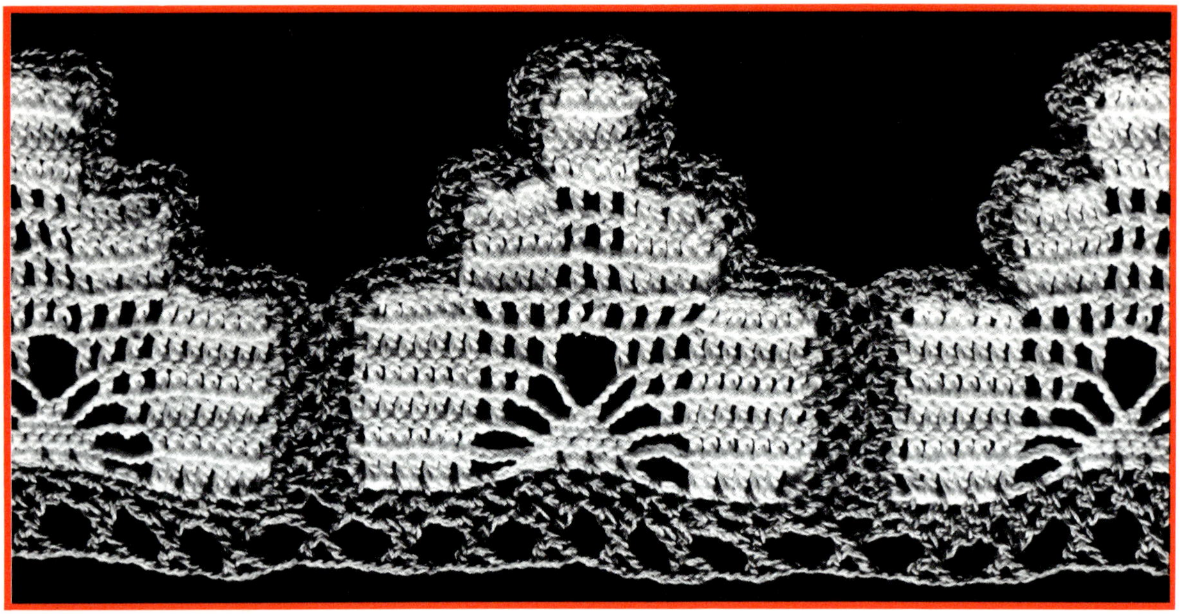

16

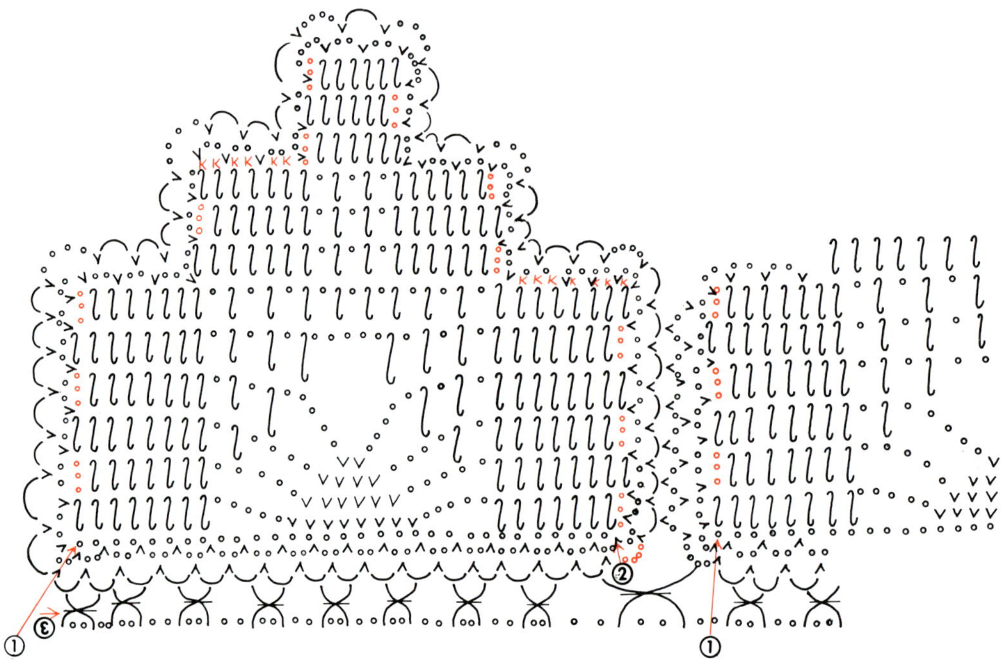

◠ = 3 Lfm.

17

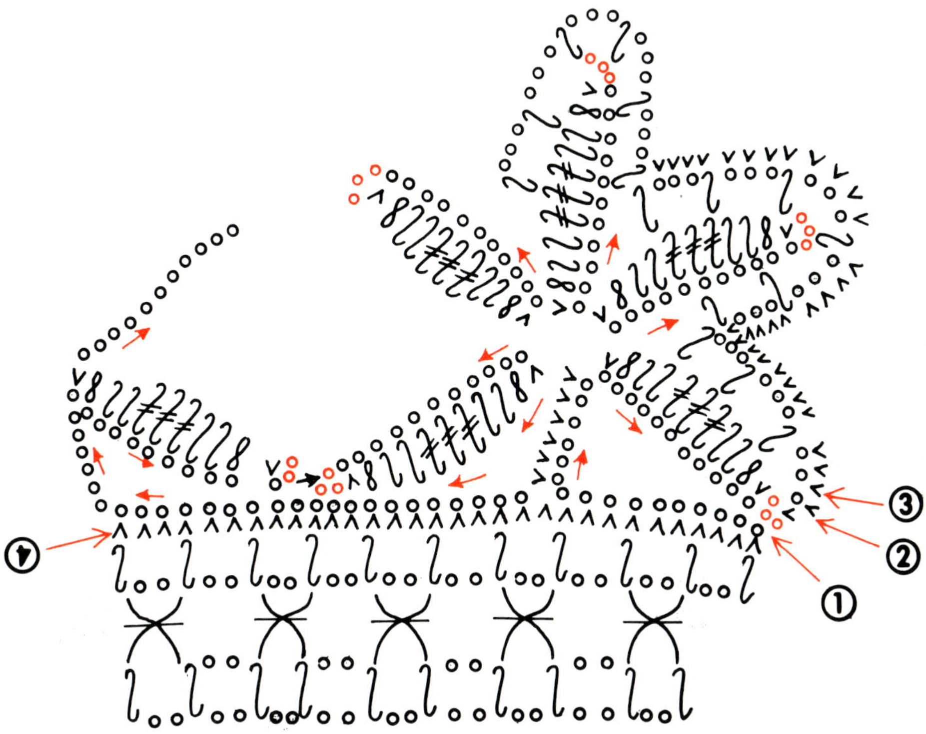

Beim Kreuzstäbchen statt 1 Lfm. 2 Lfm. häkeln.

18

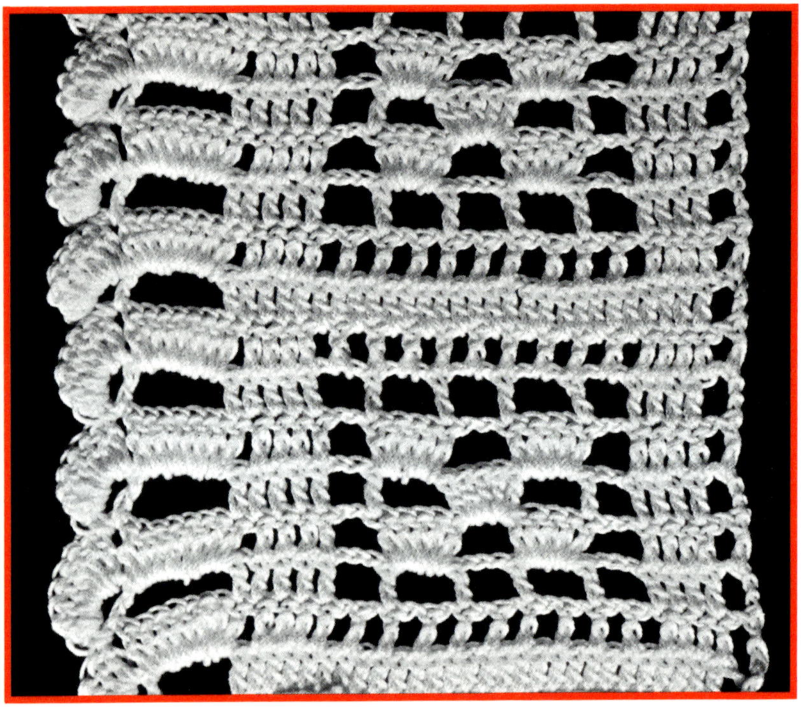

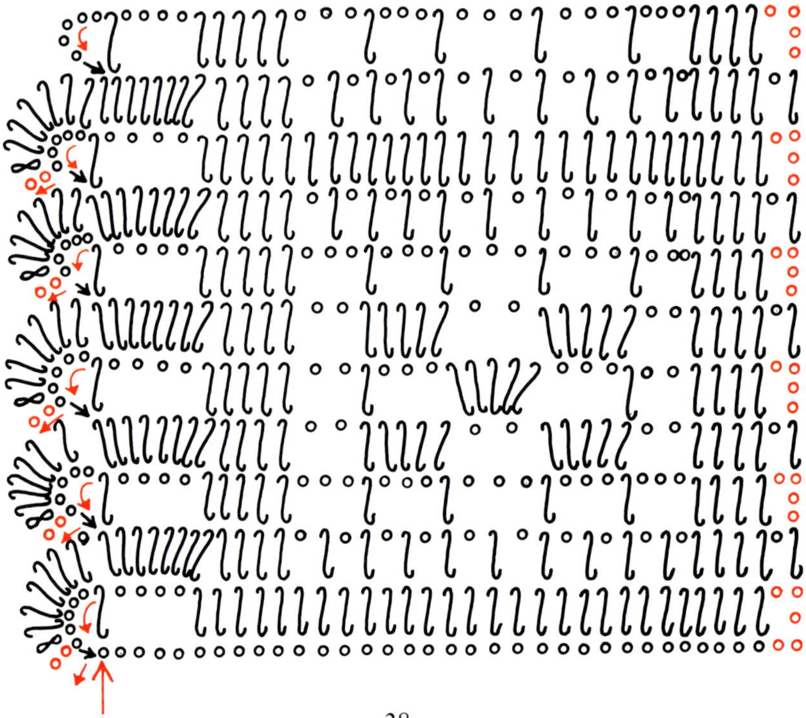

19

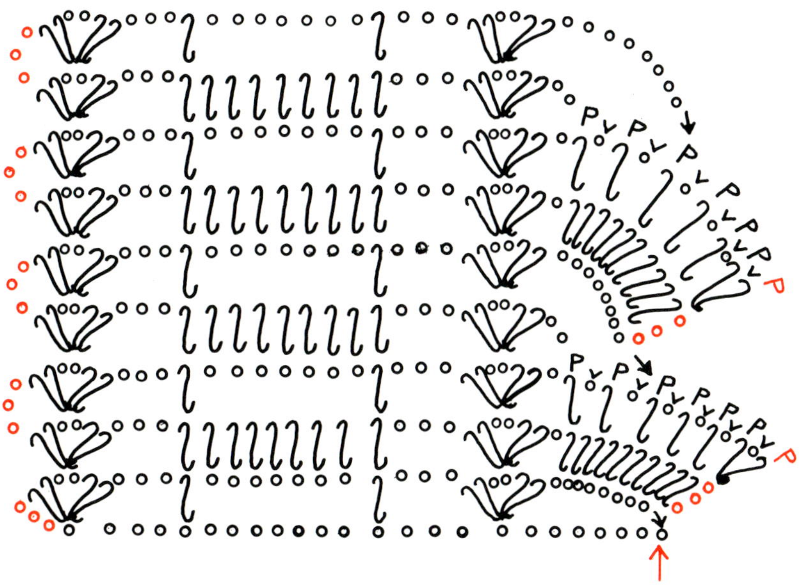

Breite Spitzen

eignen sich besonders für Schultertücher,
Dirndlunterröcke, Tischdecken, Truhendecken, als Spitzenkragen
und zur Verzierung von Bettwäsche

1

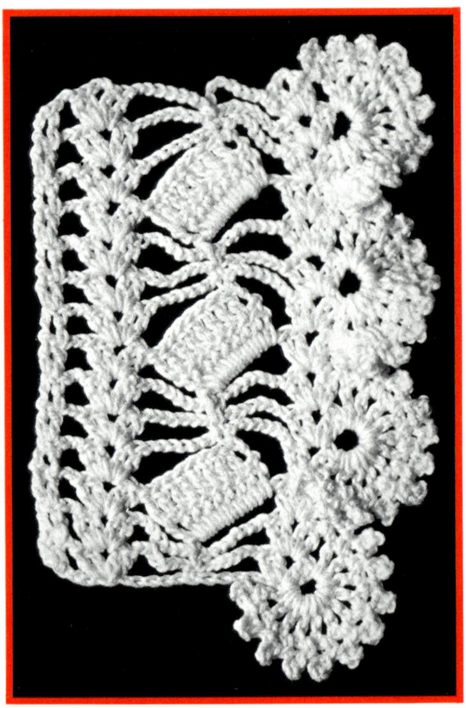

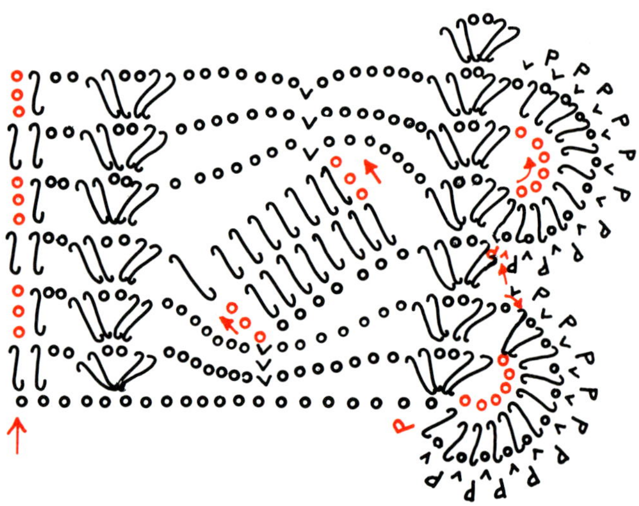

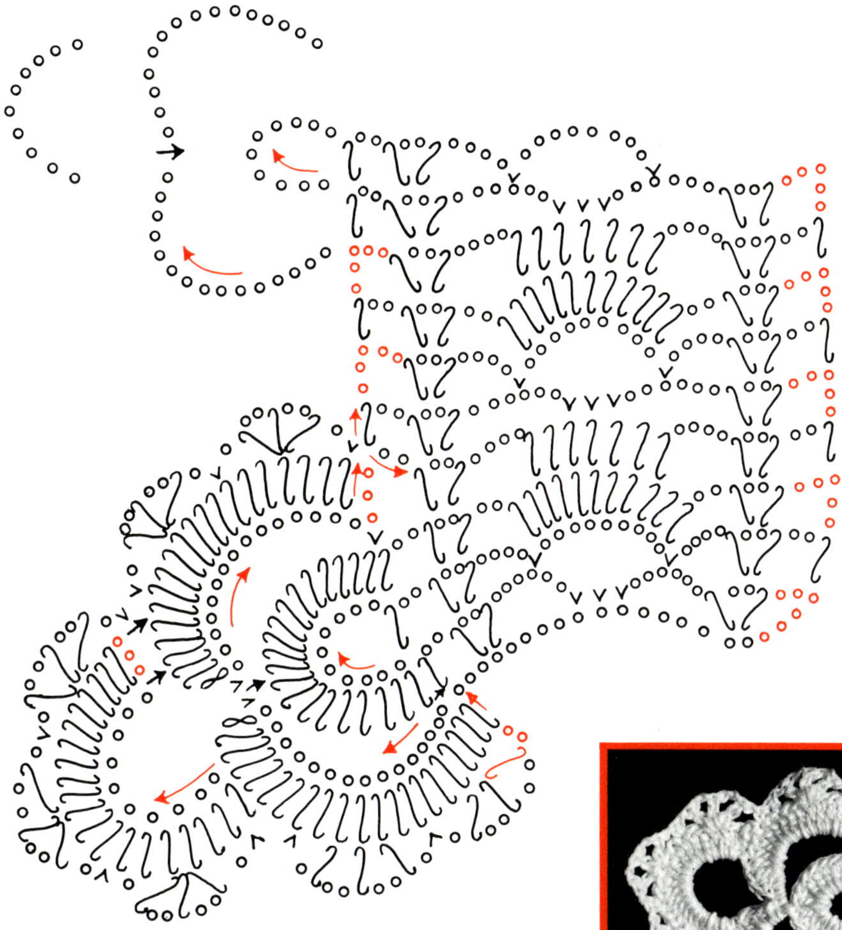

2

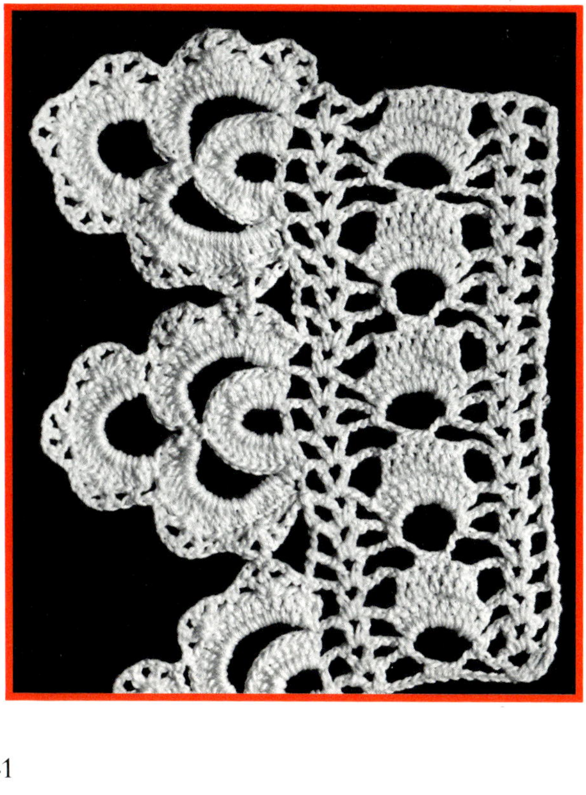

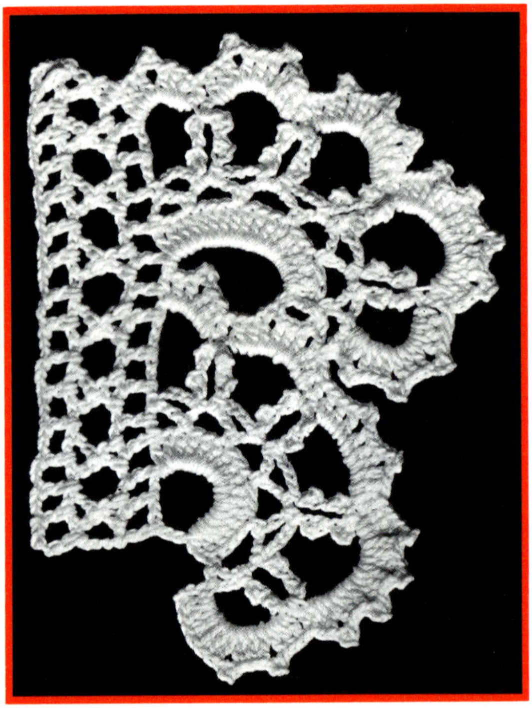

3

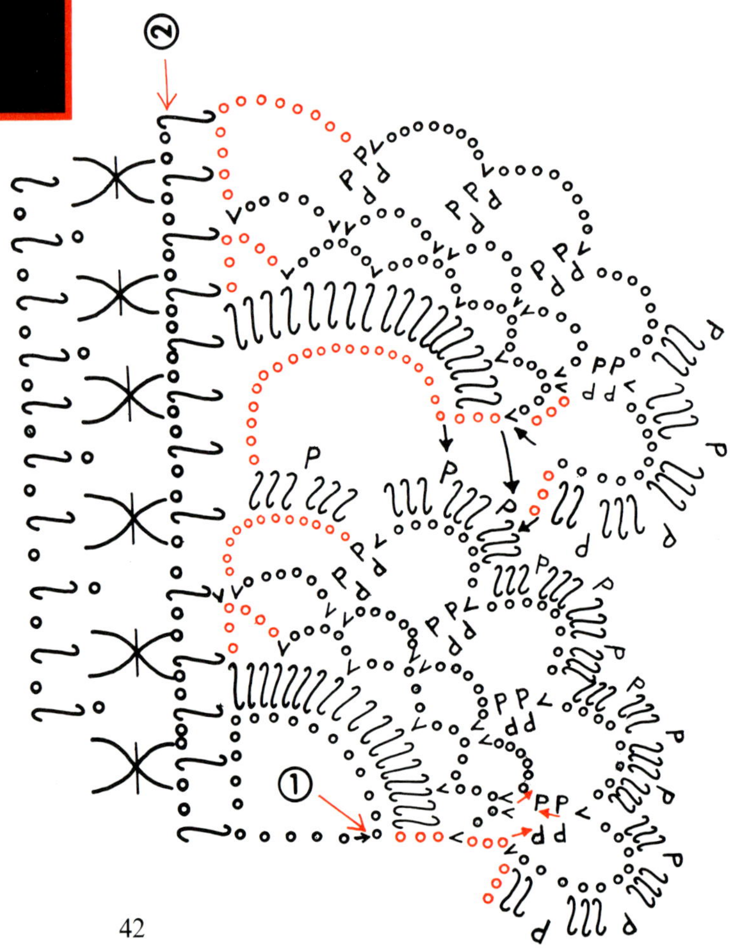

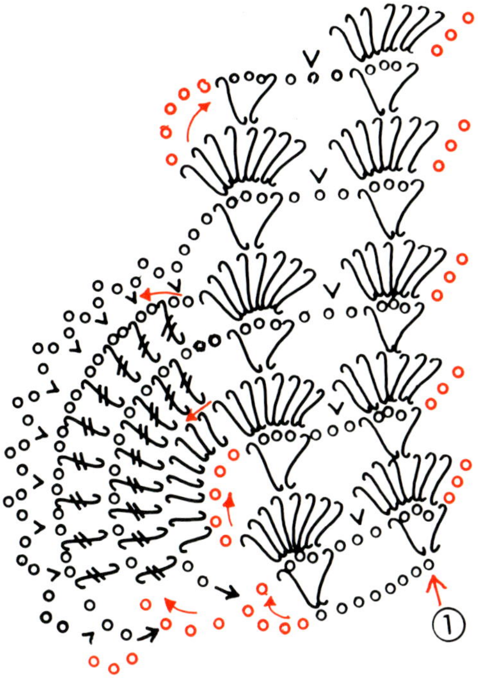

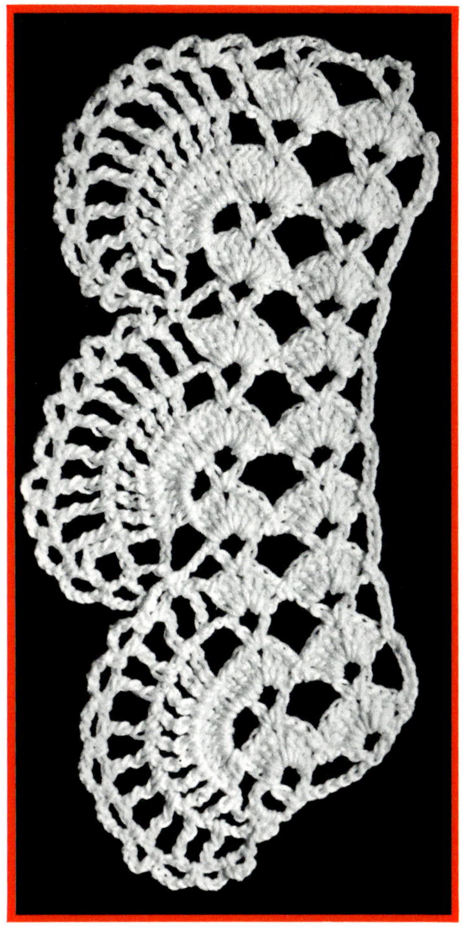

4

5

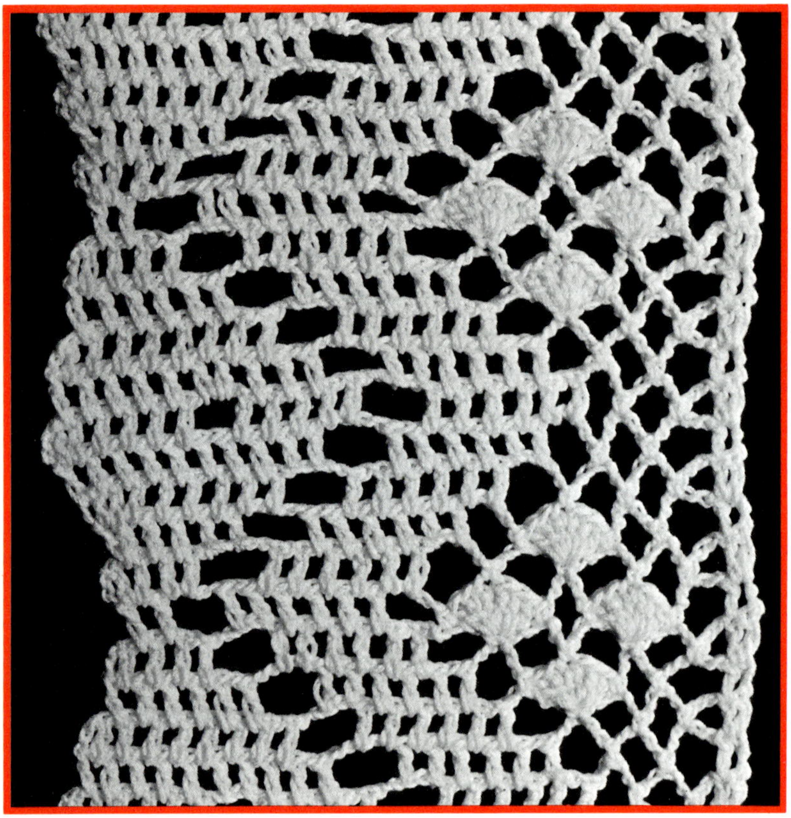

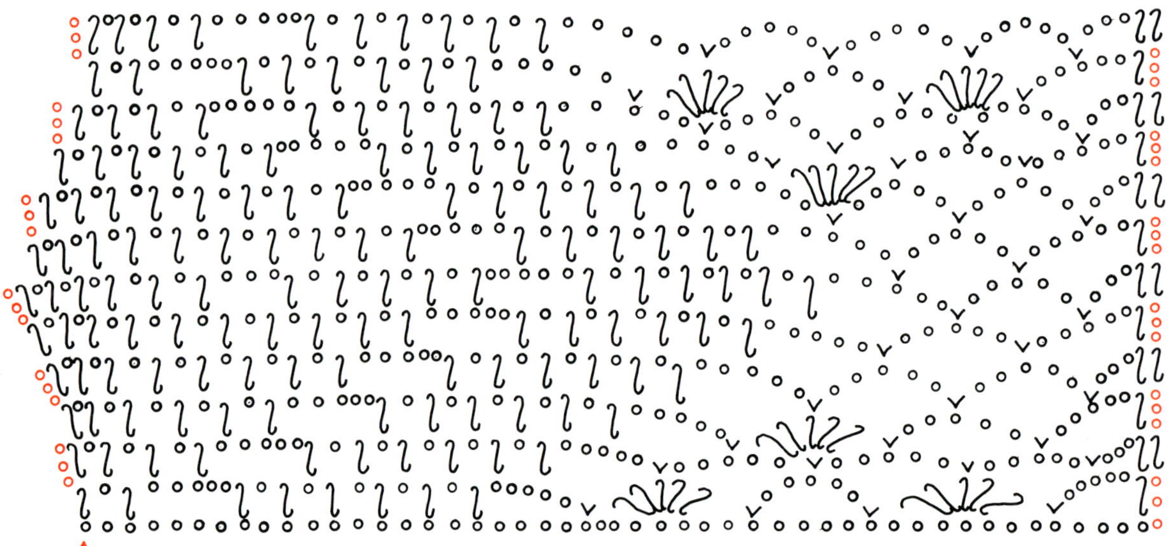

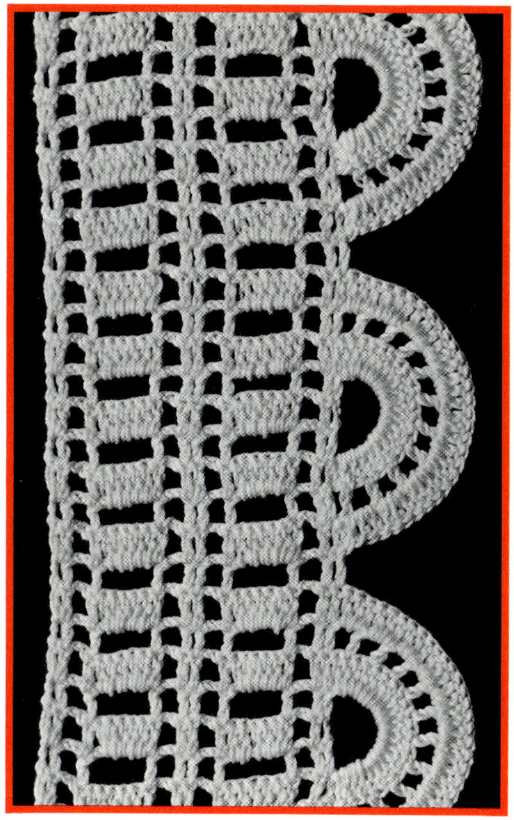

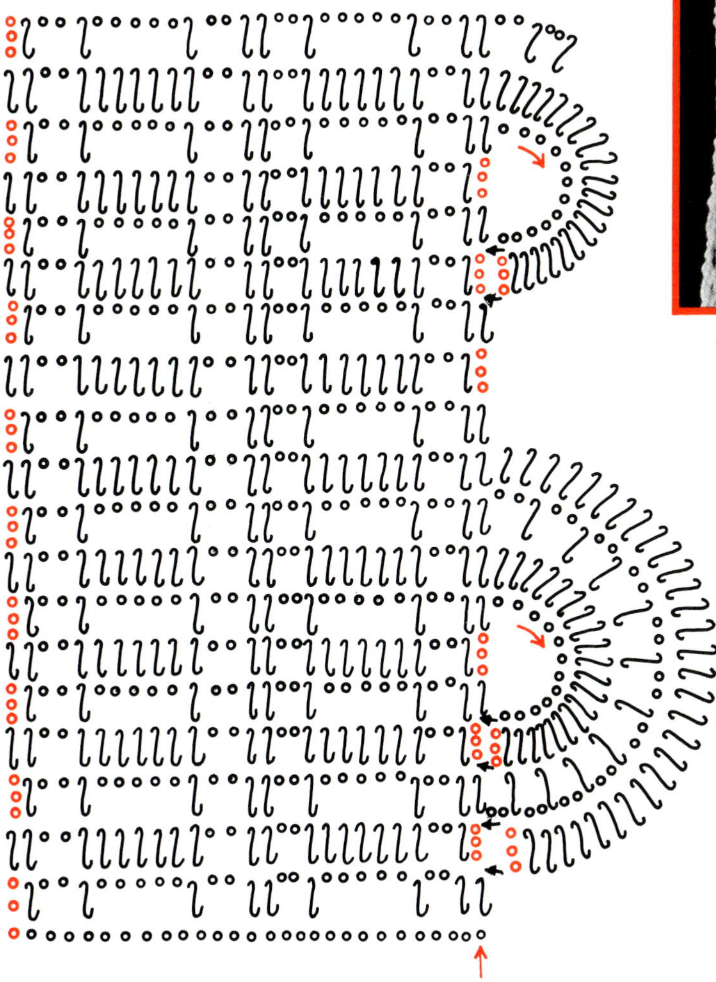

6

Durch Weglassen der Rundungen erhalten Sie den passenden Einsatz, den Sie beliebig erweitern können.

7

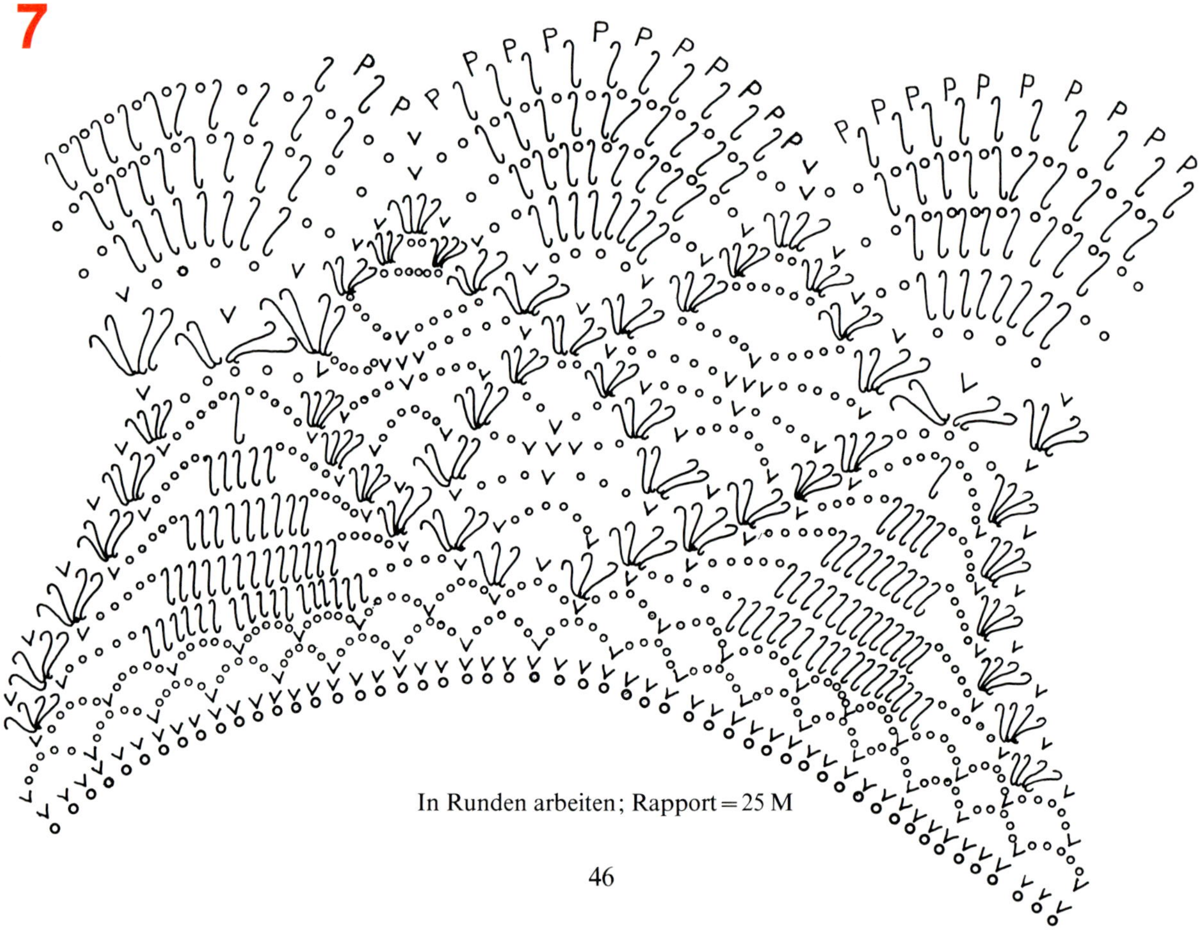

In Runden arbeiten; Rapport = 25 M

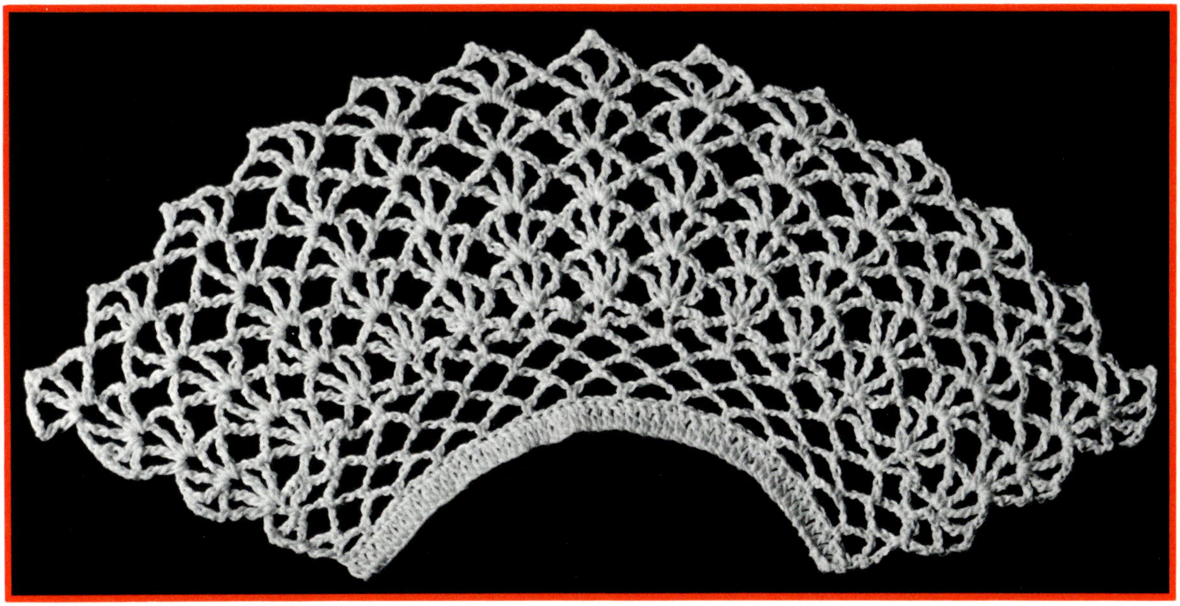

8

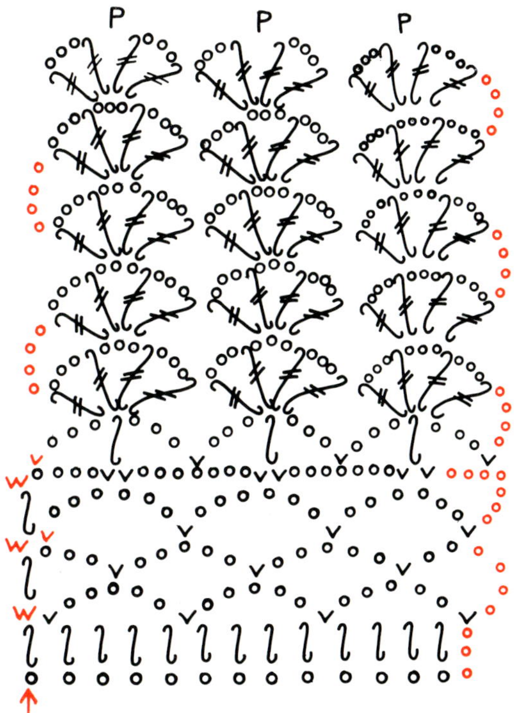

In Runden arbeiten; Rapport = 6 M, kann auch in hin- und hergehenden Reihen gearbeitet werden.

9

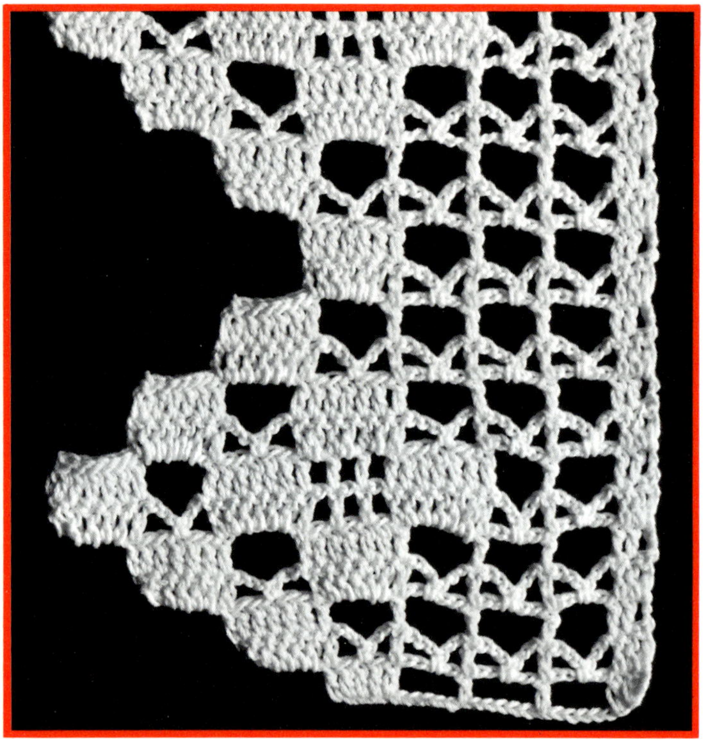

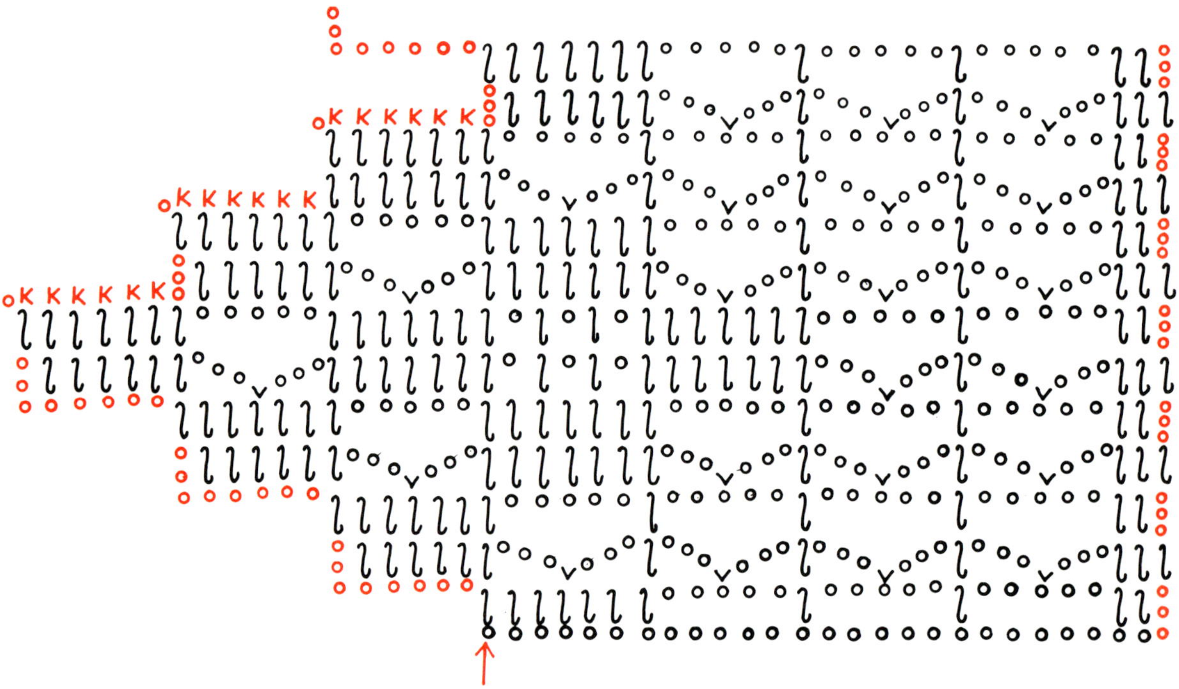

10

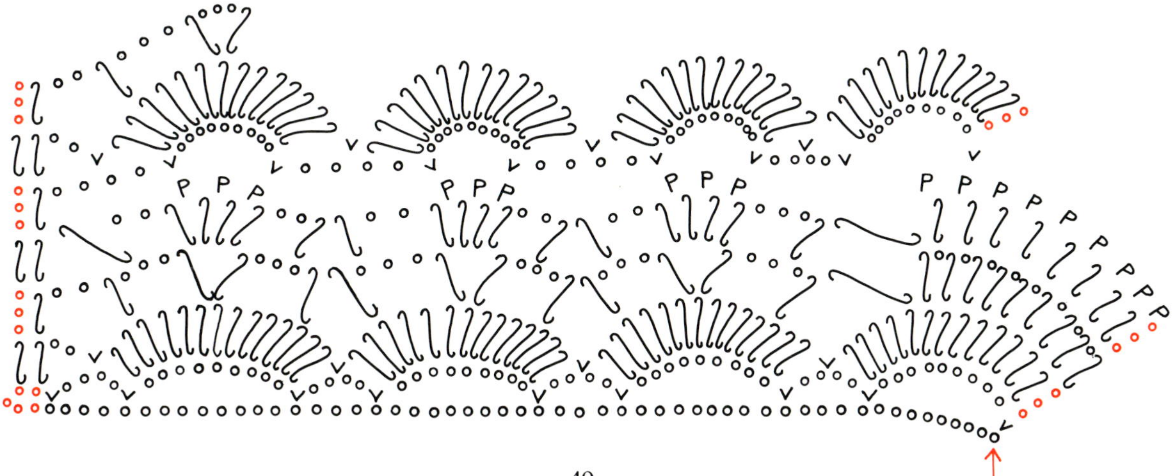

11

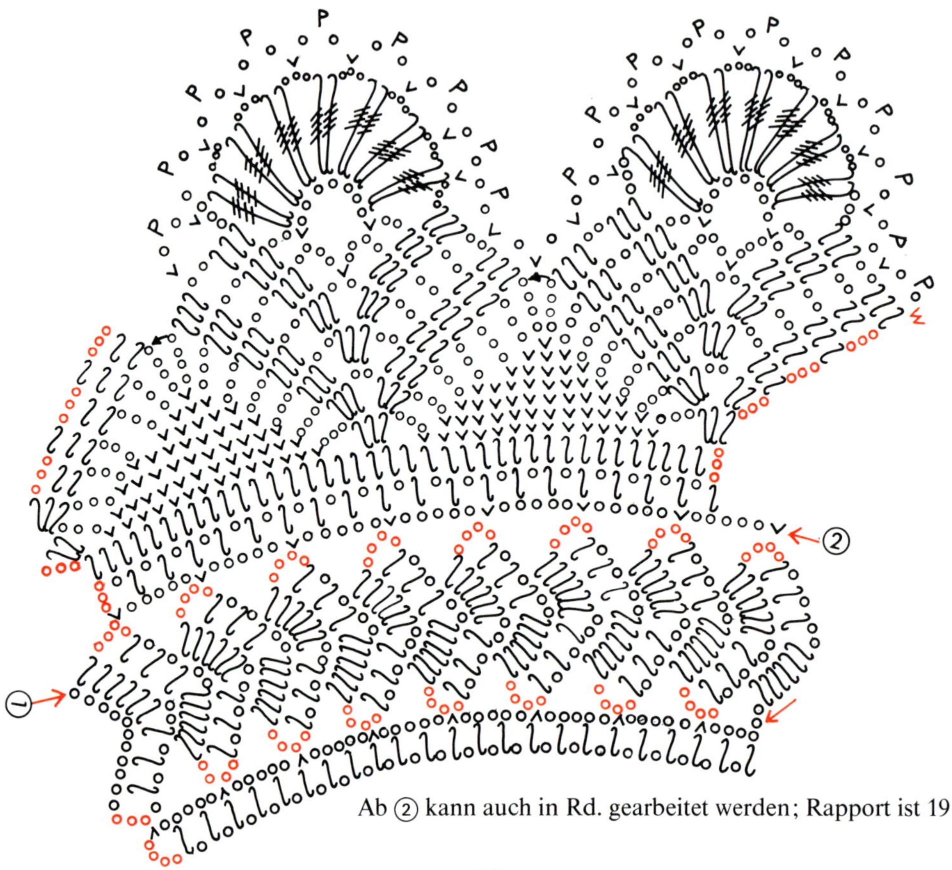

Ab ② kann auch in Rd. gearbeitet werden; Rapport ist 19 M

12

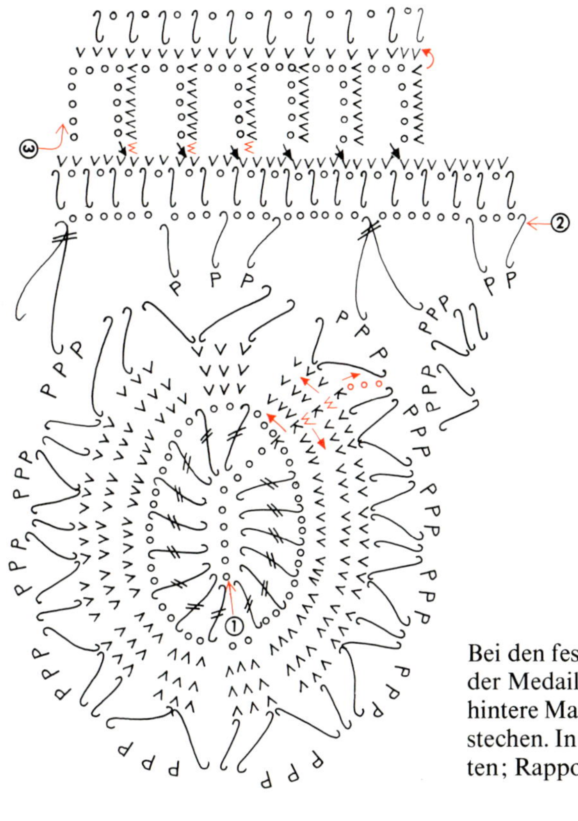

Häkeln Sie zuerst genug Medaillons (zusammenhäkeln siehe Foto) und beginnen Sie erst dann mit ②.

Bei den festen Maschen der Medaillons in das hintere Maschenglied einstechen. In Runden arbeiten; Rapport = 22 M

13

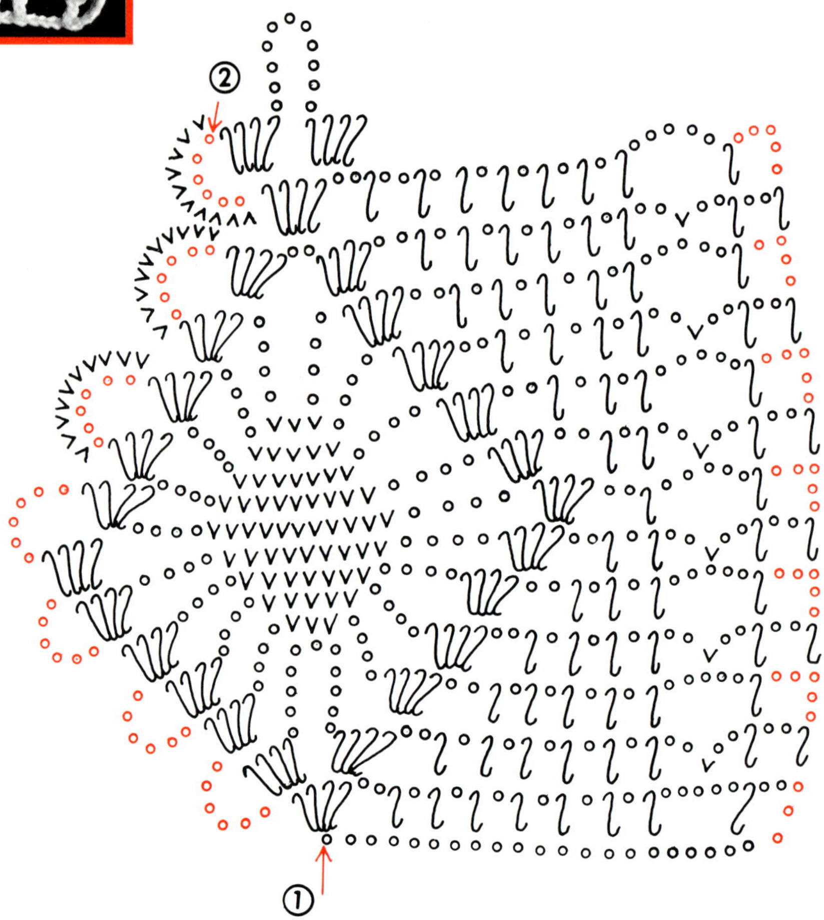

Bei den festen Maschen in das hintere Maschenglied einstechen.

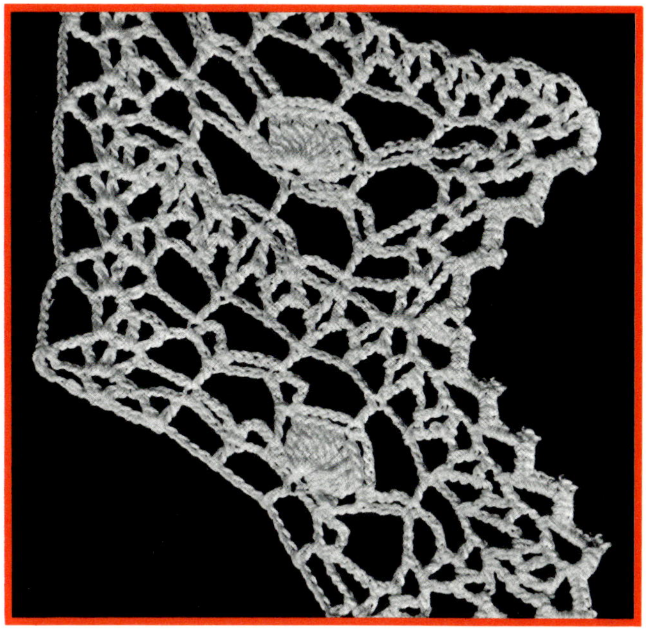

14

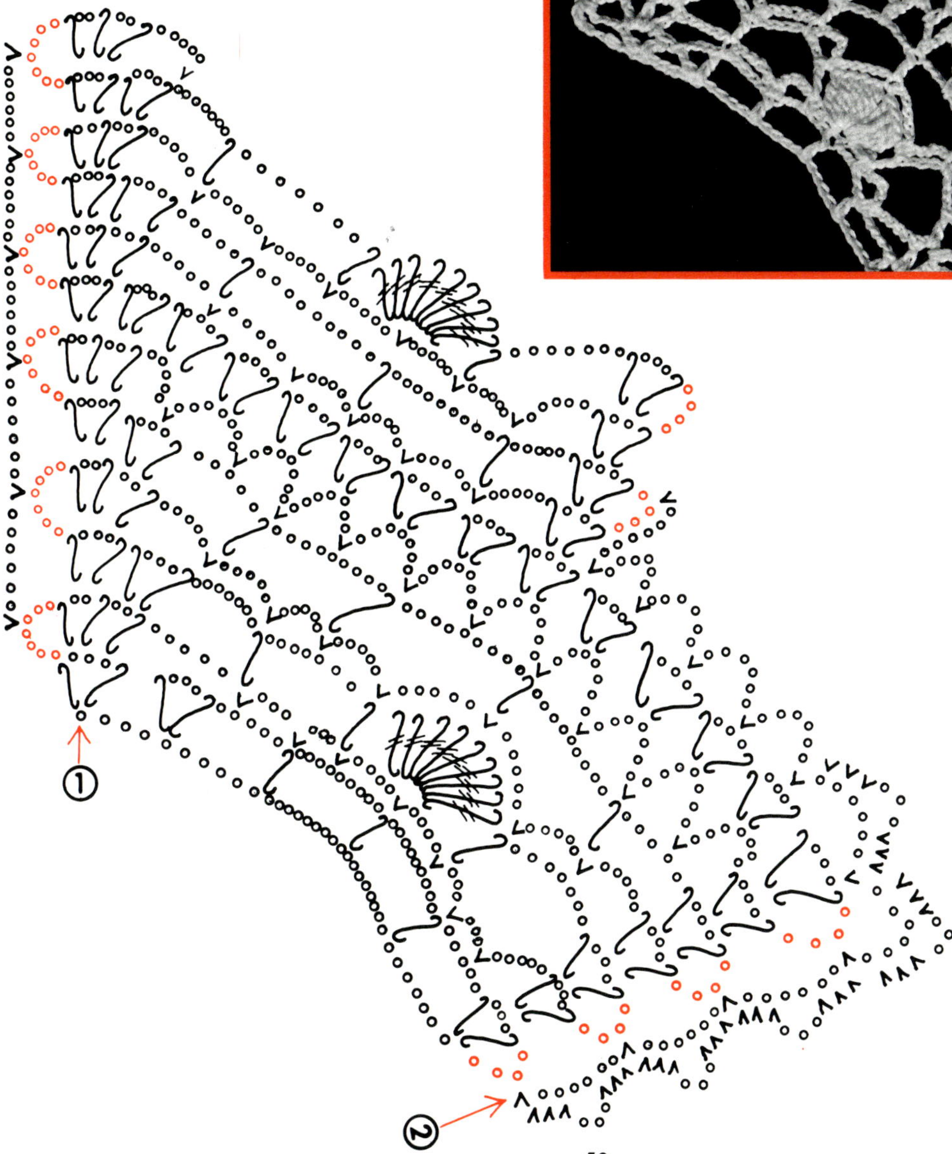

15

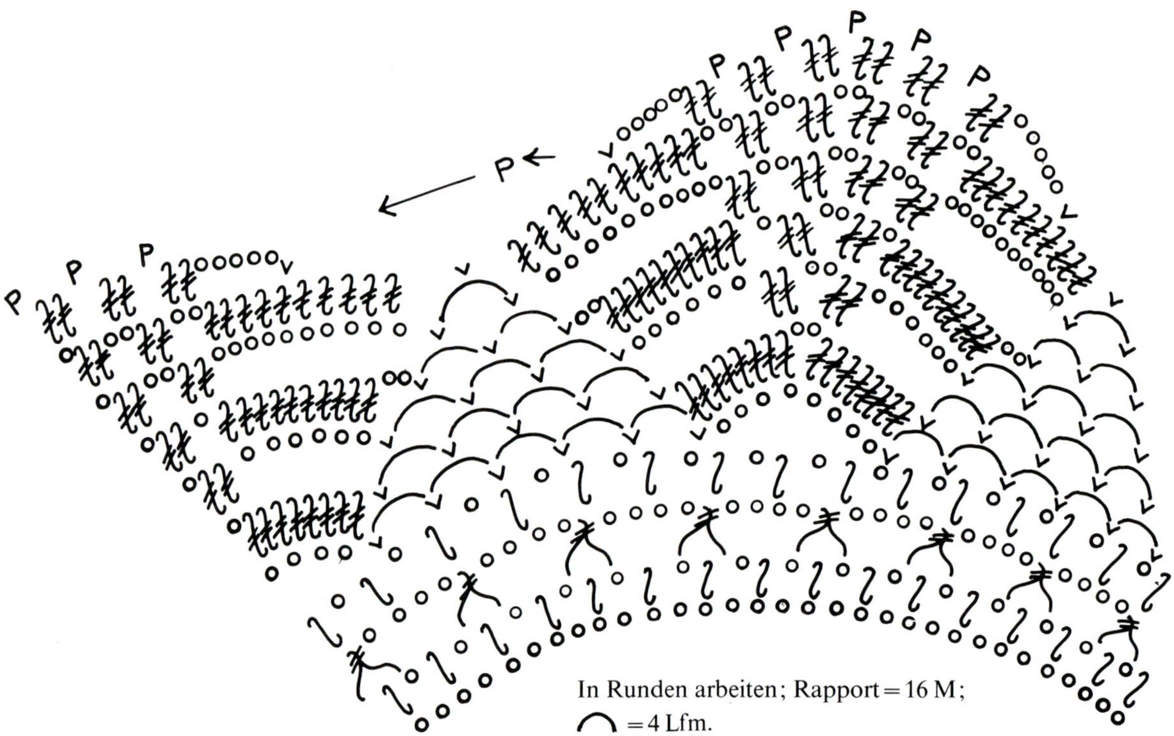

In Runden arbeiten; Rapport = 16 M;
⌒ = 4 Lfm.

16

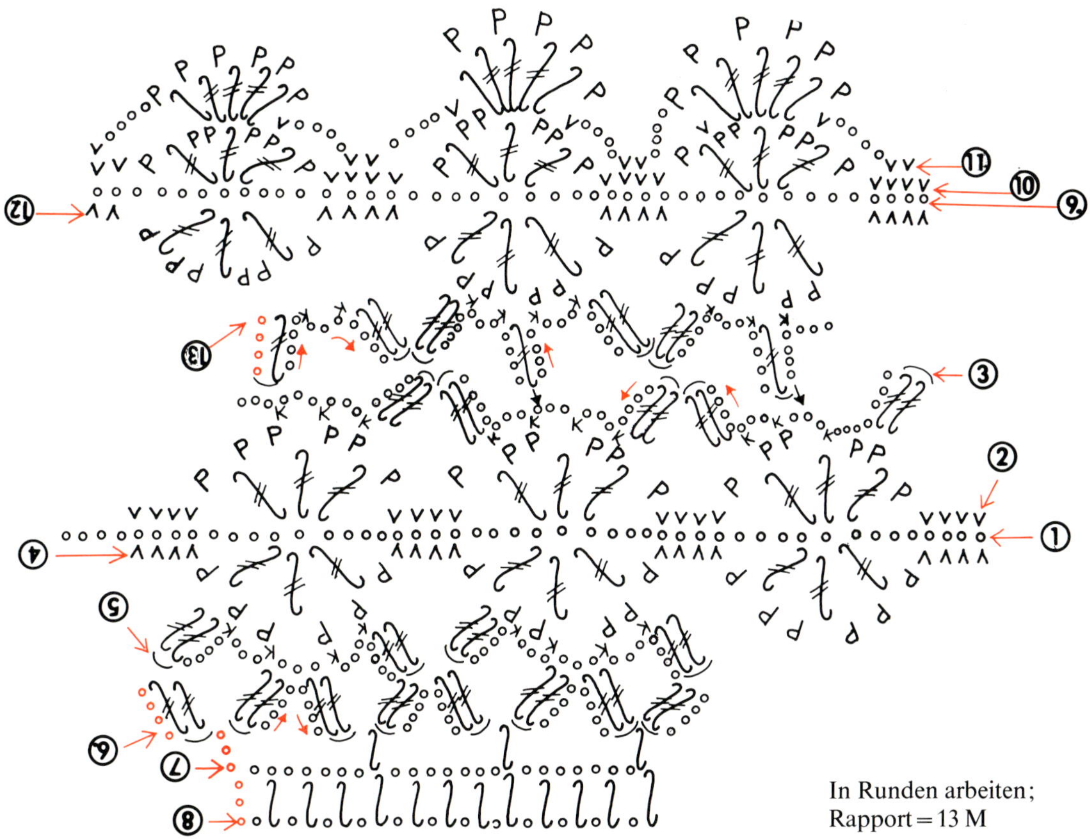

In Runden arbeiten;
Rapport = 13 M

17

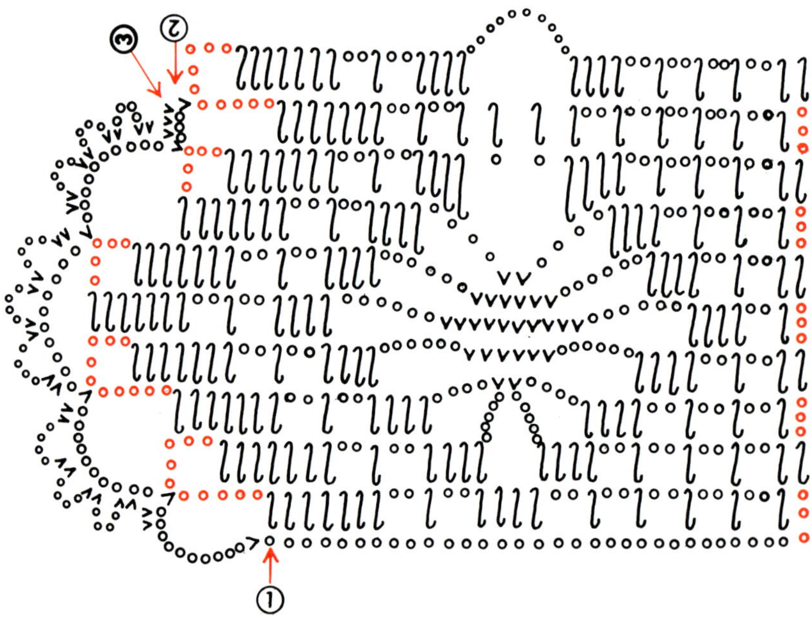

Bei den festen Maschen in das hintere Maschenglied einstechen.

18

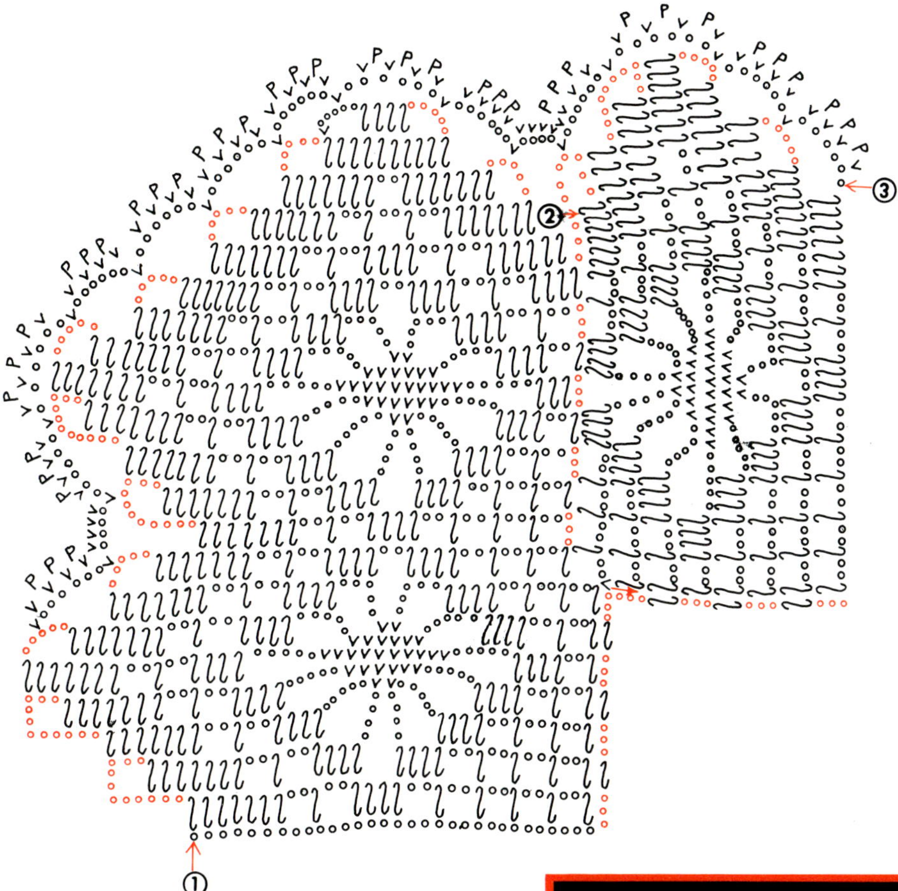

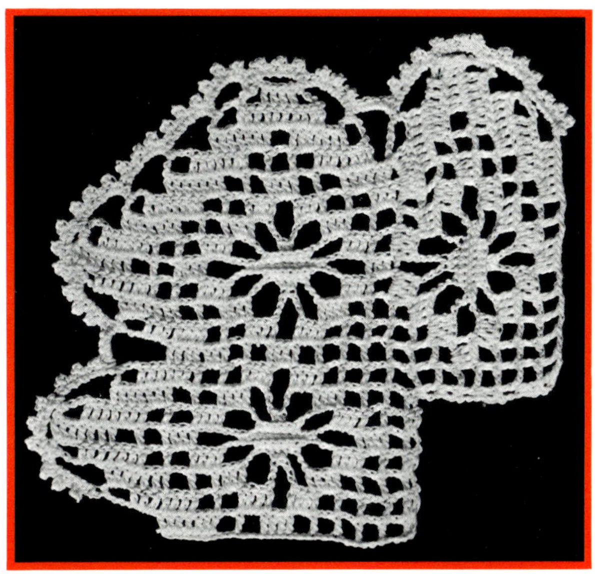

Wenn Sie die Ecke nach dieser Methode arbeiten, ist es sinnvoll, den Stoff nach der fertigen Spitze zuzuschneiden.

19

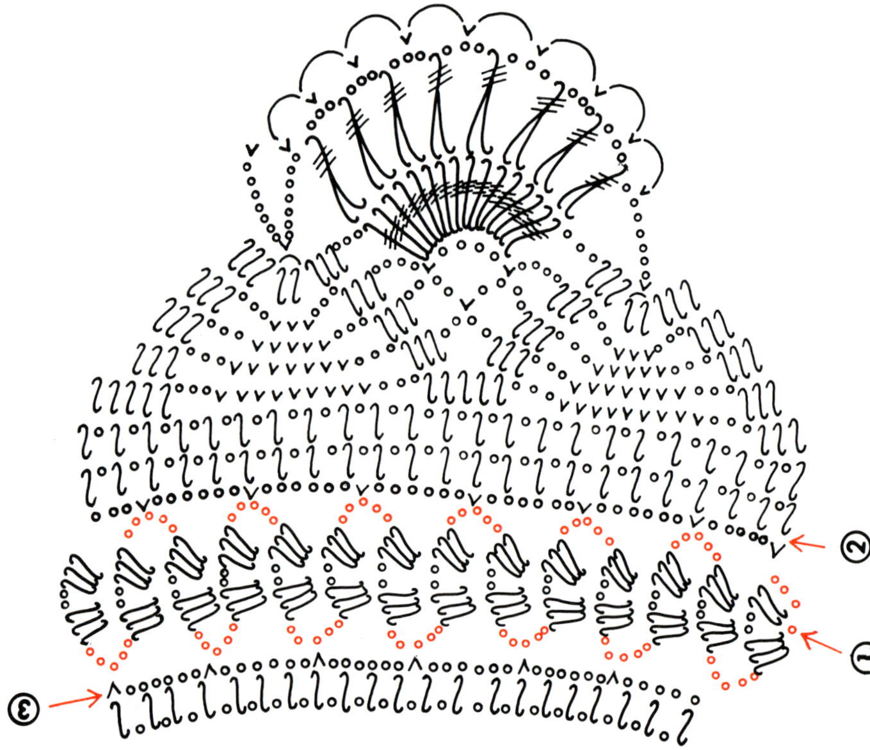

⌒ = 5 Lfm.
Bei den festen Maschen in das hintere Maschenglied einstechen.
Ab ② in Runden arbeiten;
Rapport = 21 M

20

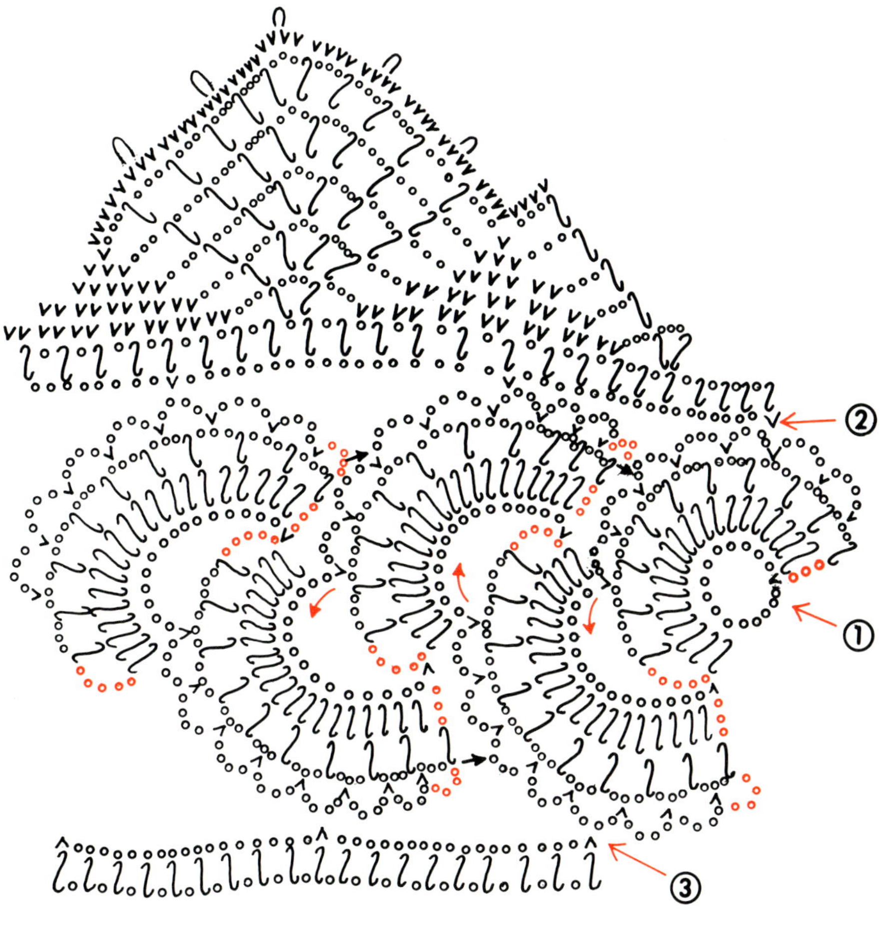

∩ = 4 Lfm.
Ab ② in Runden arbeiten;
Rapport = 21 M

21

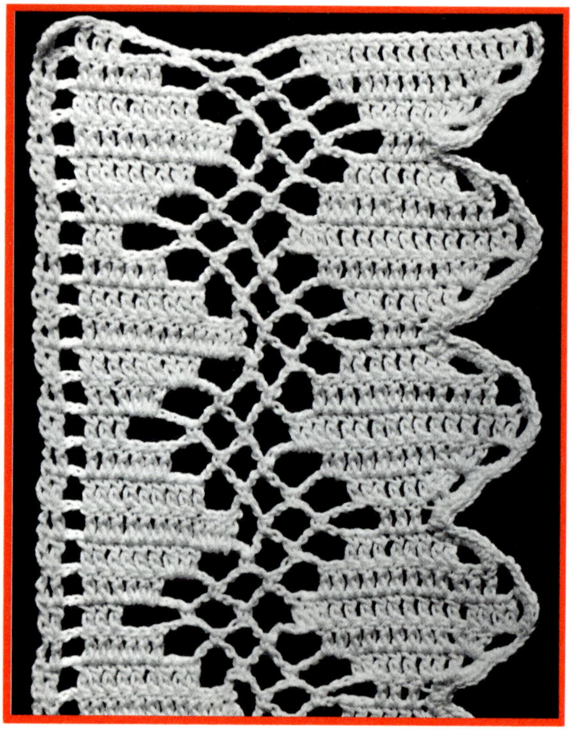

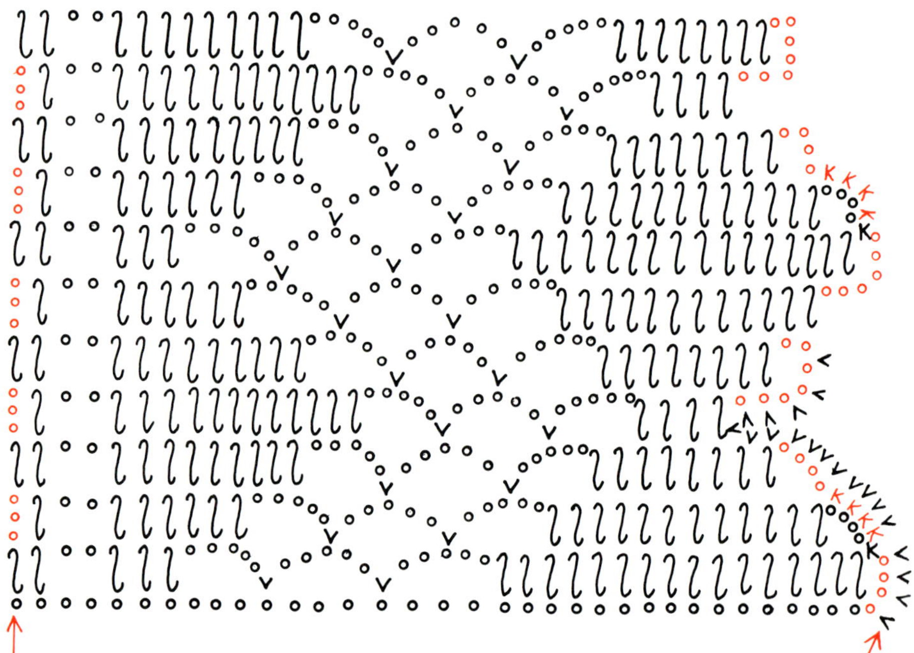

22

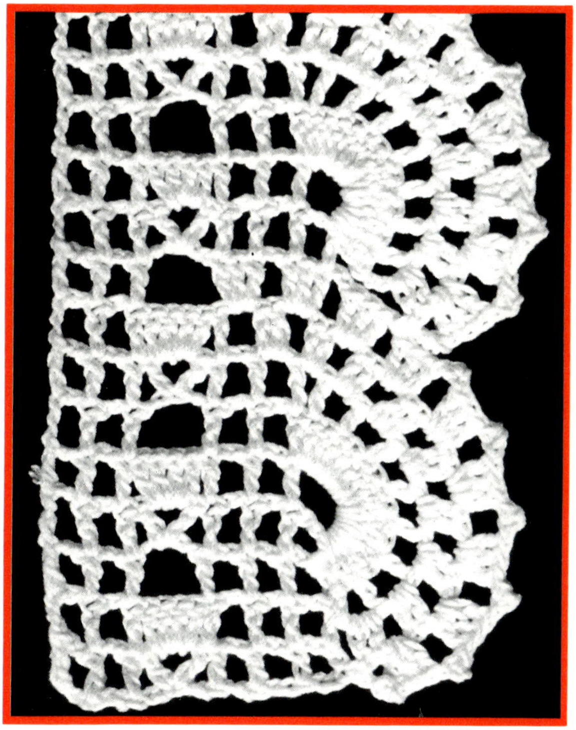

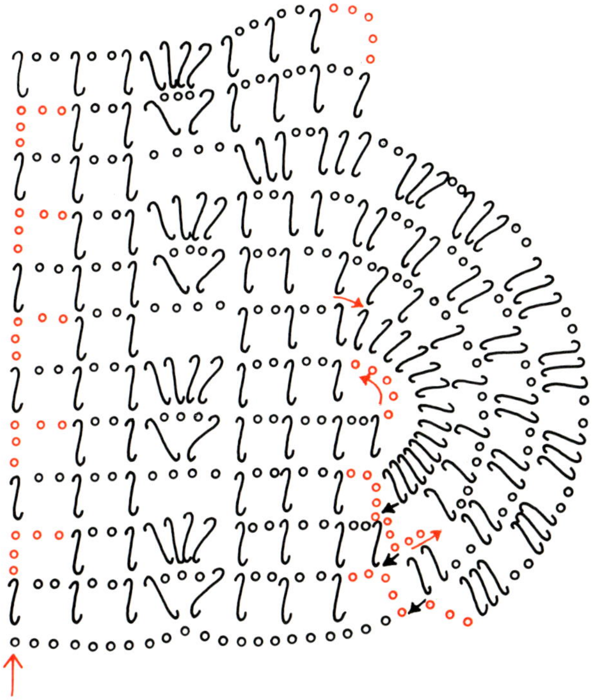

Vorhangspitzen

finden Verwendung als sogenannte Kaffeehausgardinen,
an Schabracken und an Stoff angenäht
für »halbe« Gardinen

1

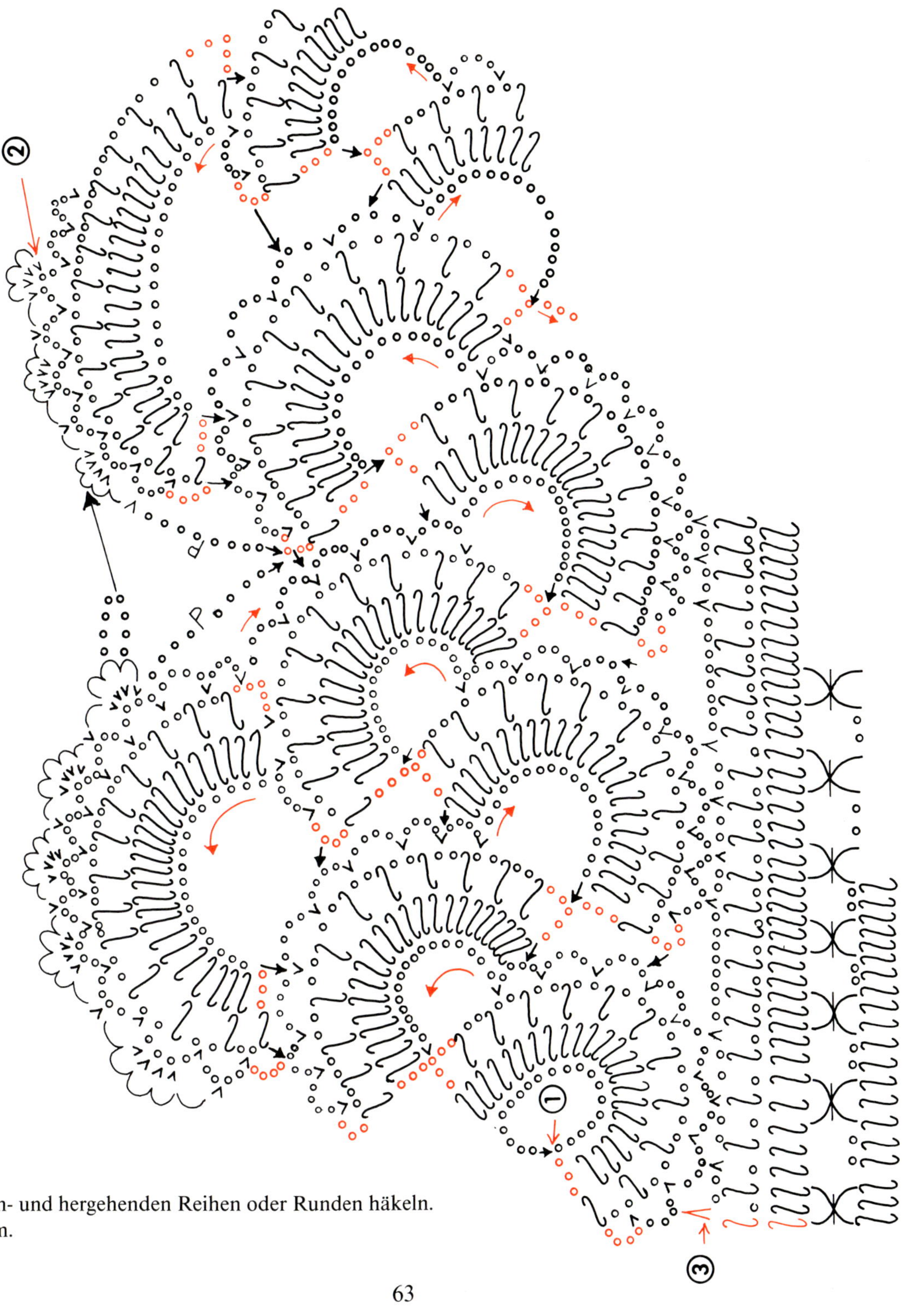

Ab ③ in hin- und hergehenden Reihen oder Runden häkeln.
⌒ = 3 Lfm.

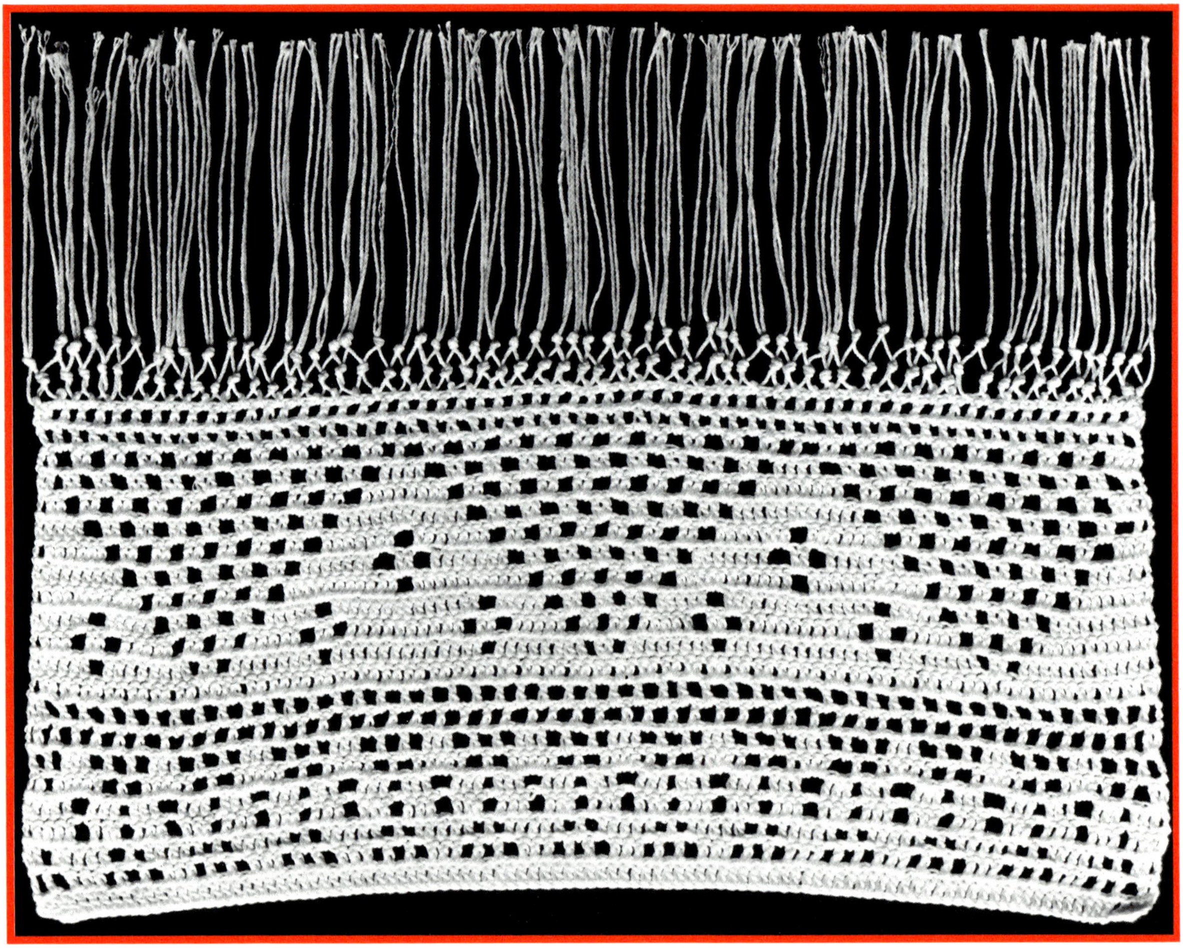

2

Rapport = 36 M

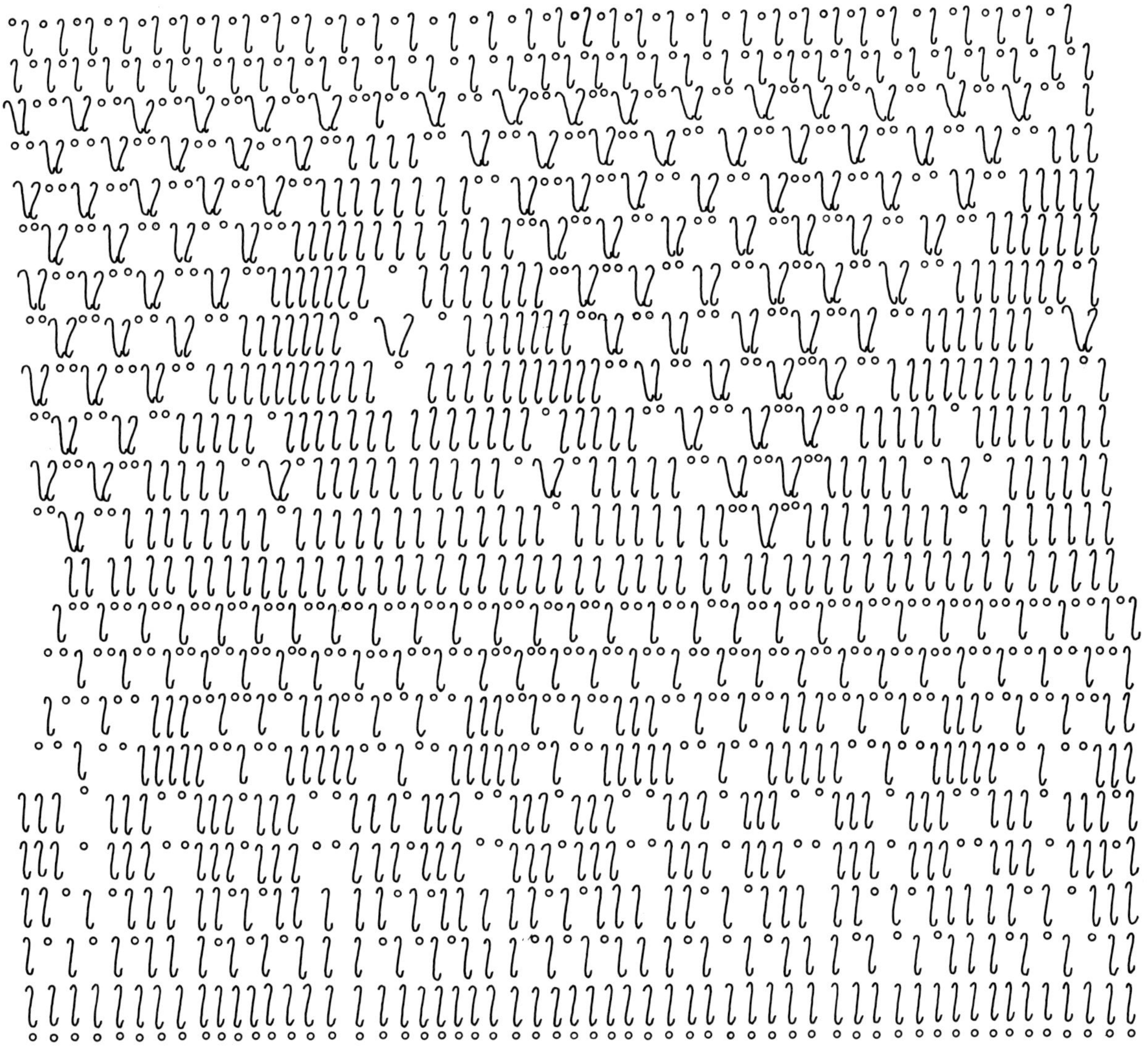

3

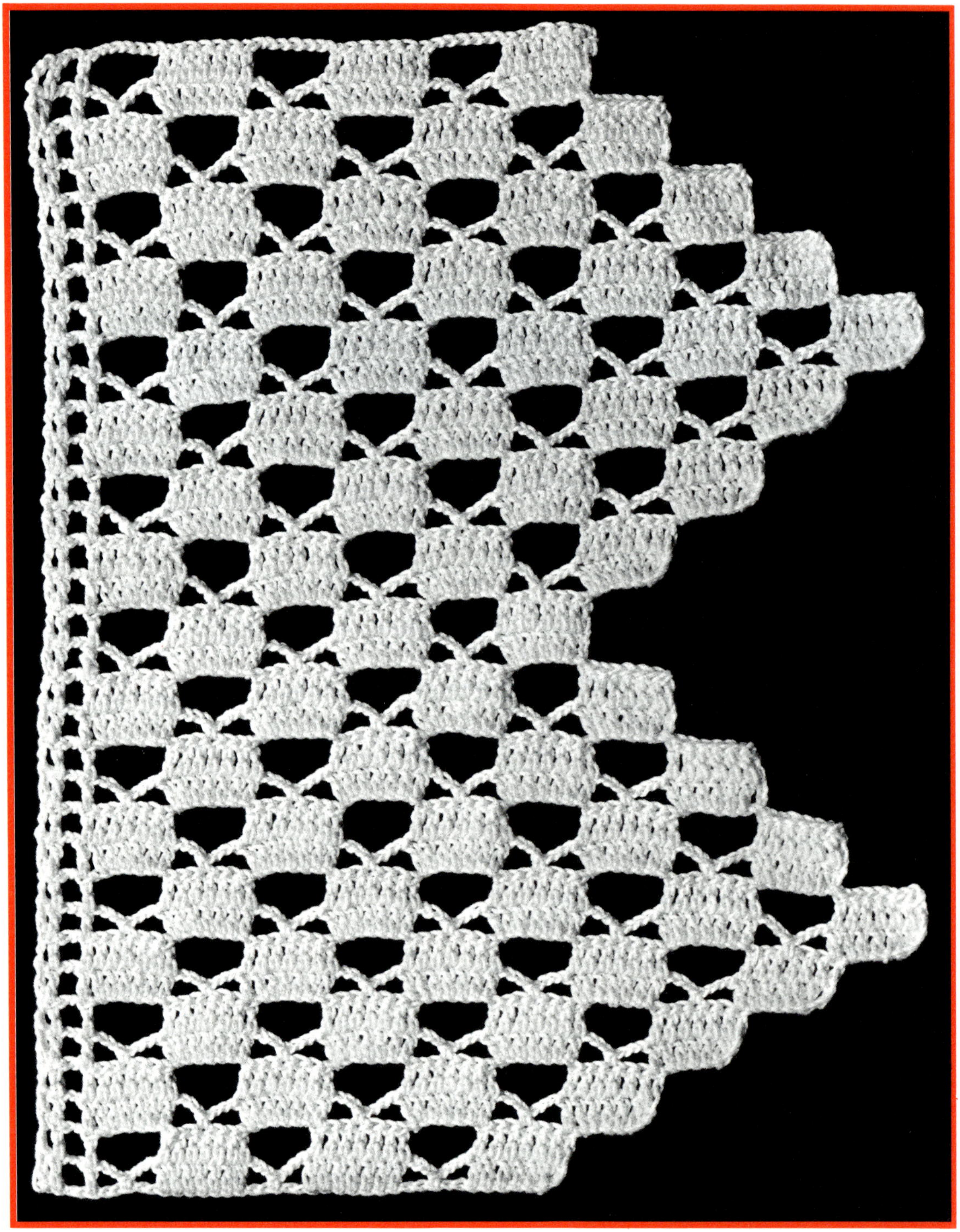

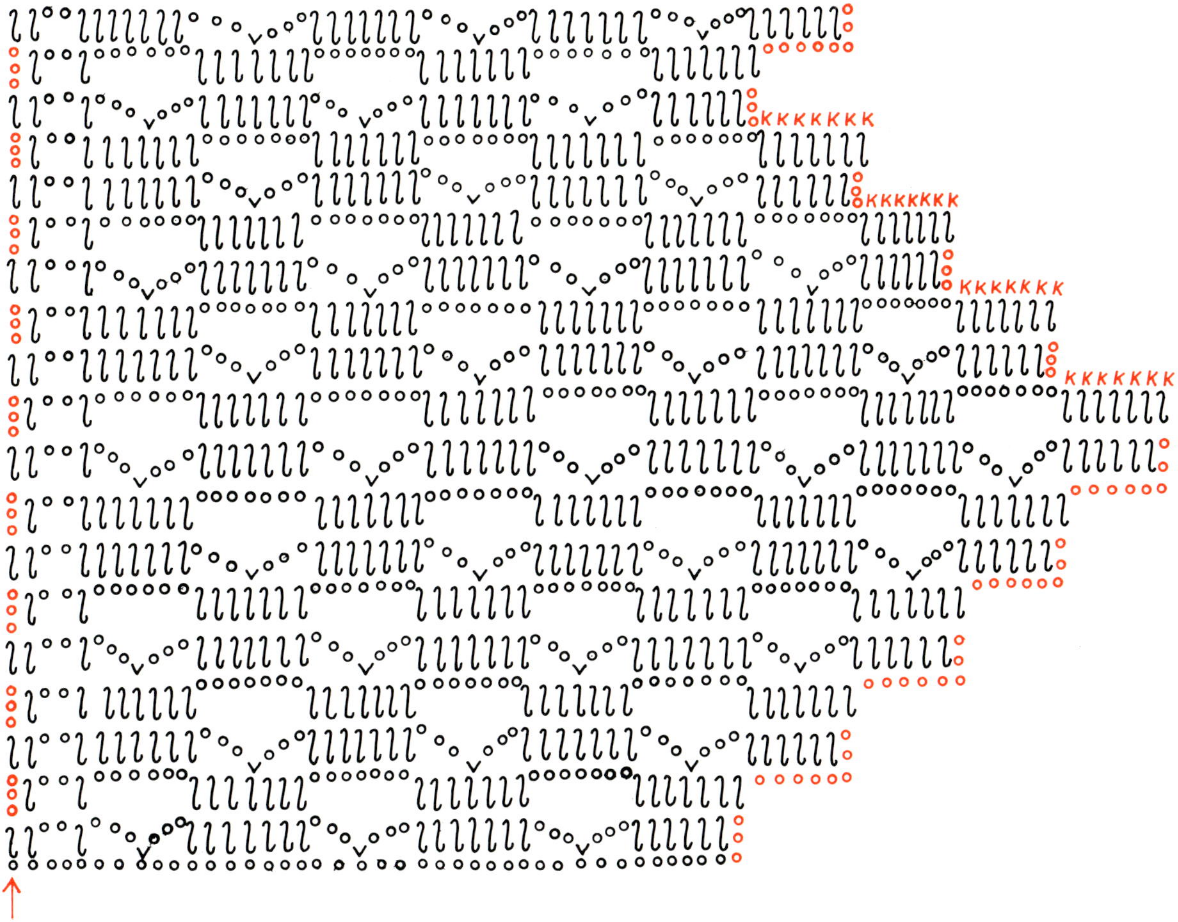

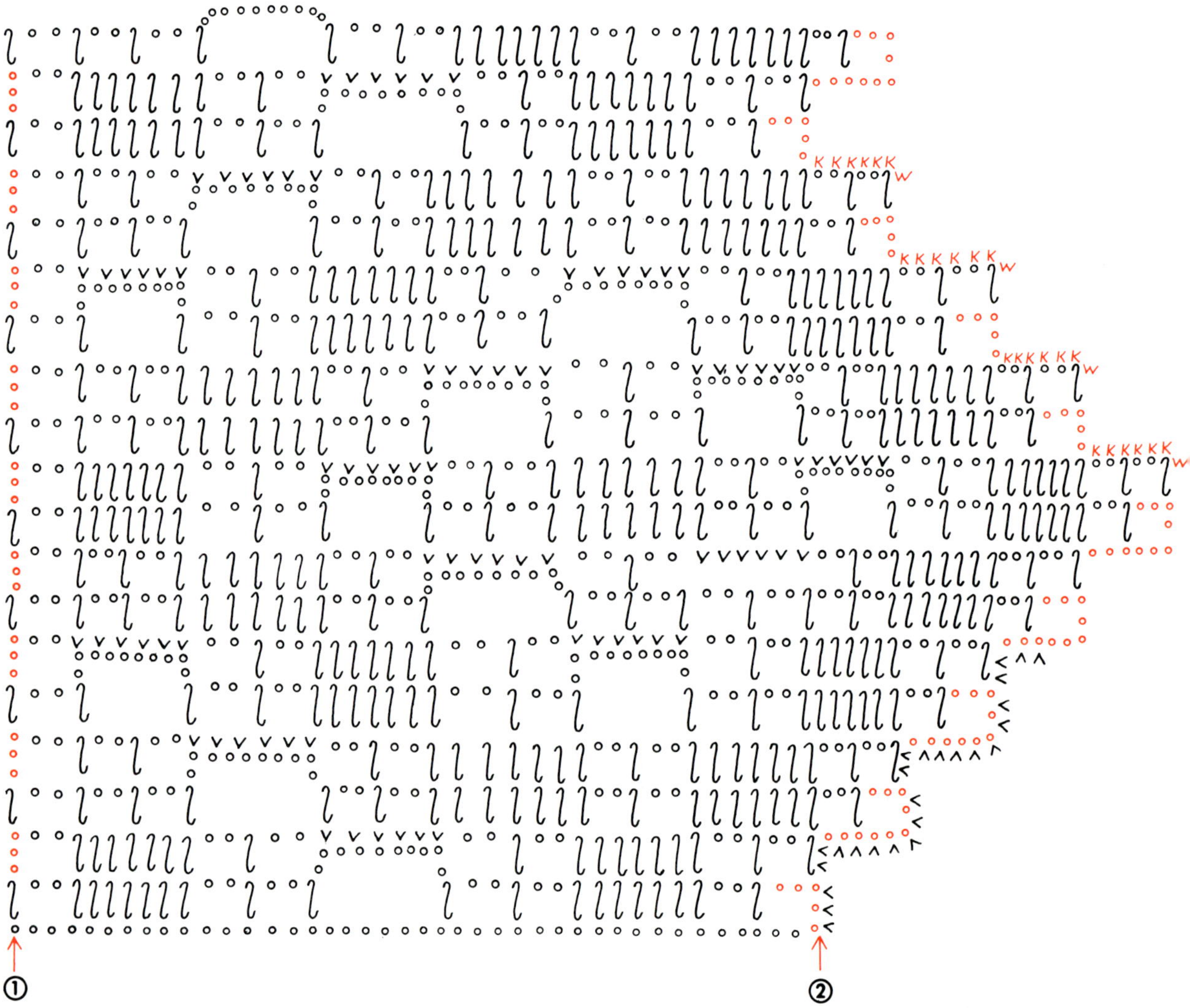

4

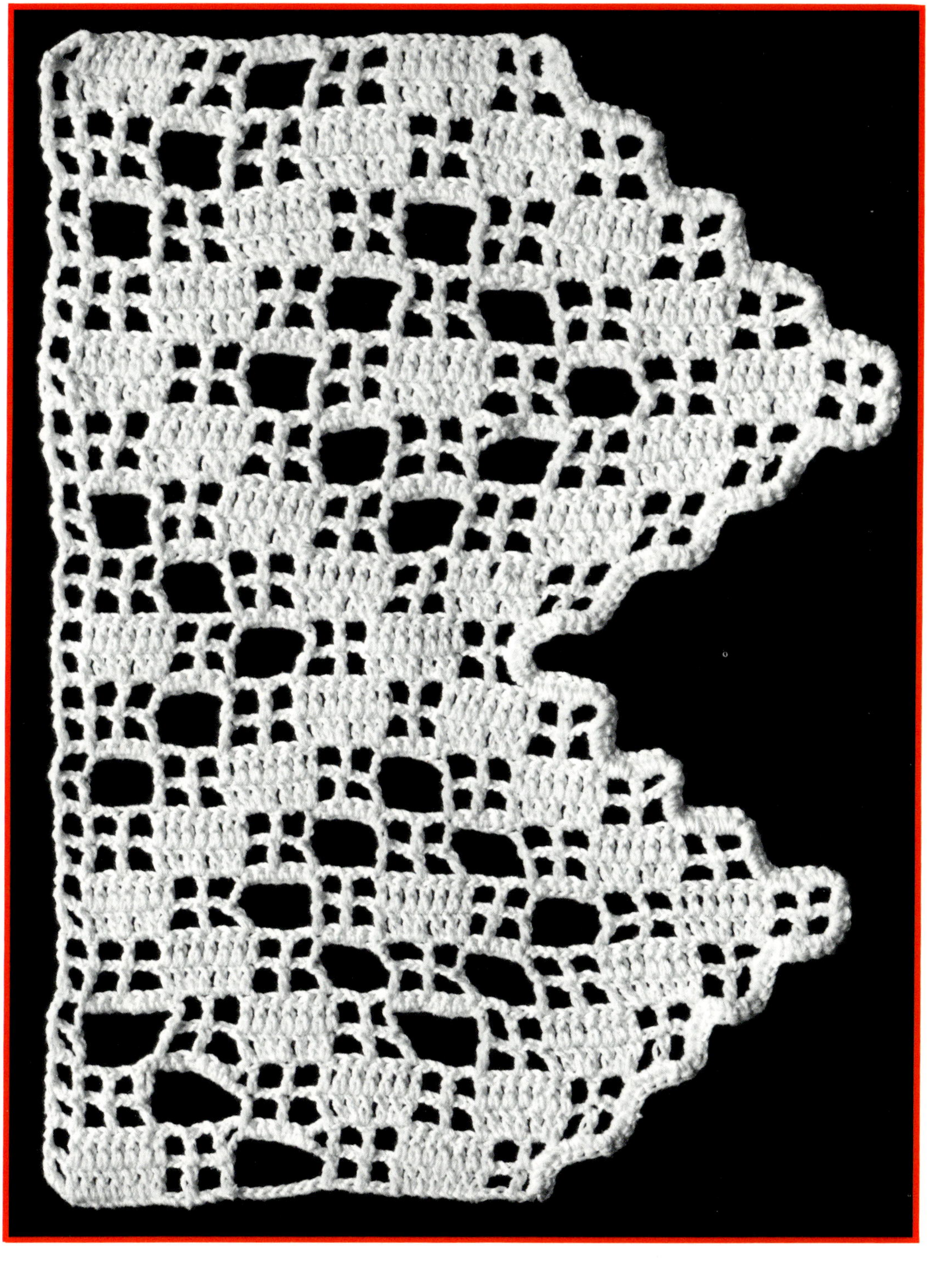

5

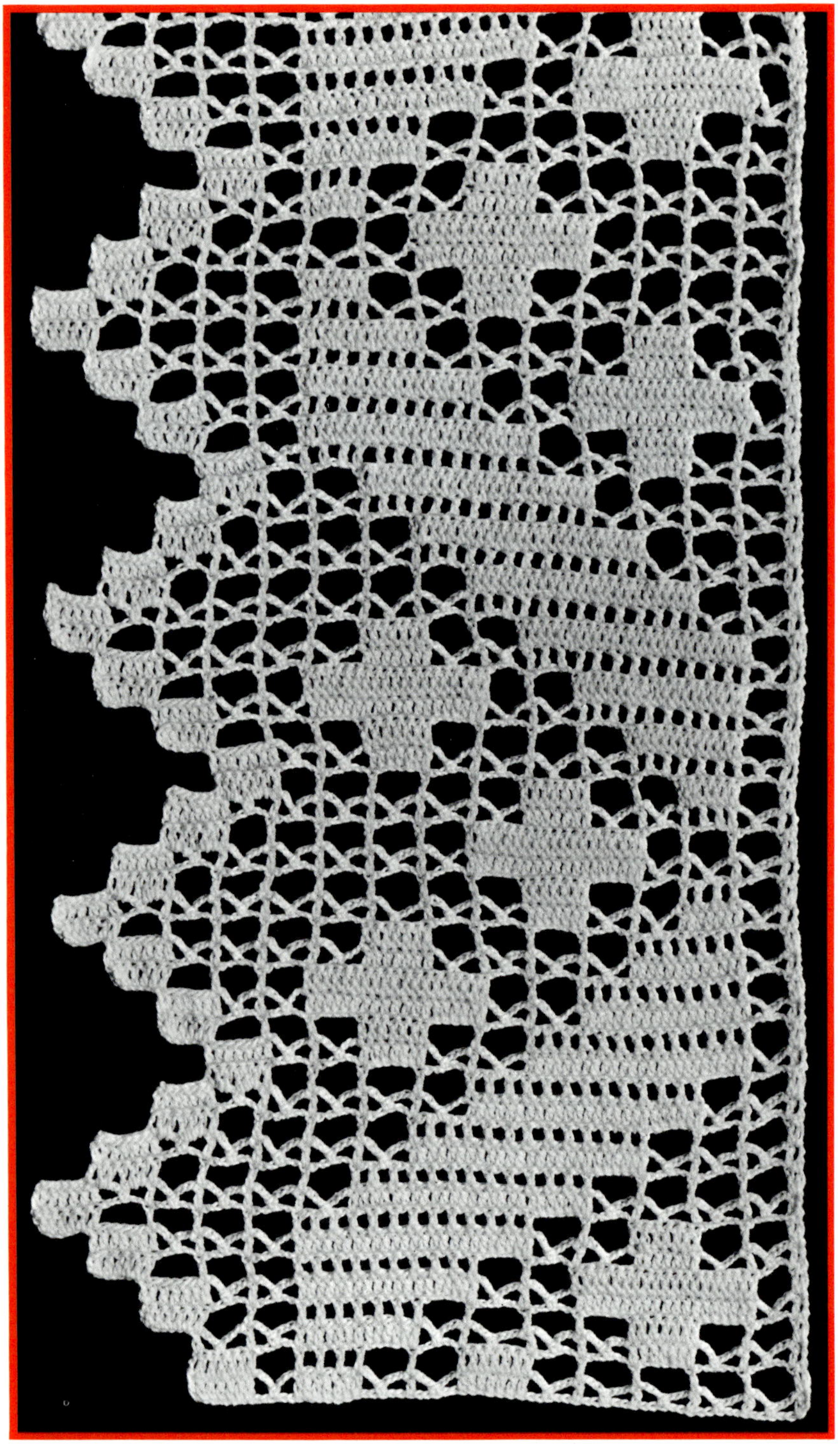

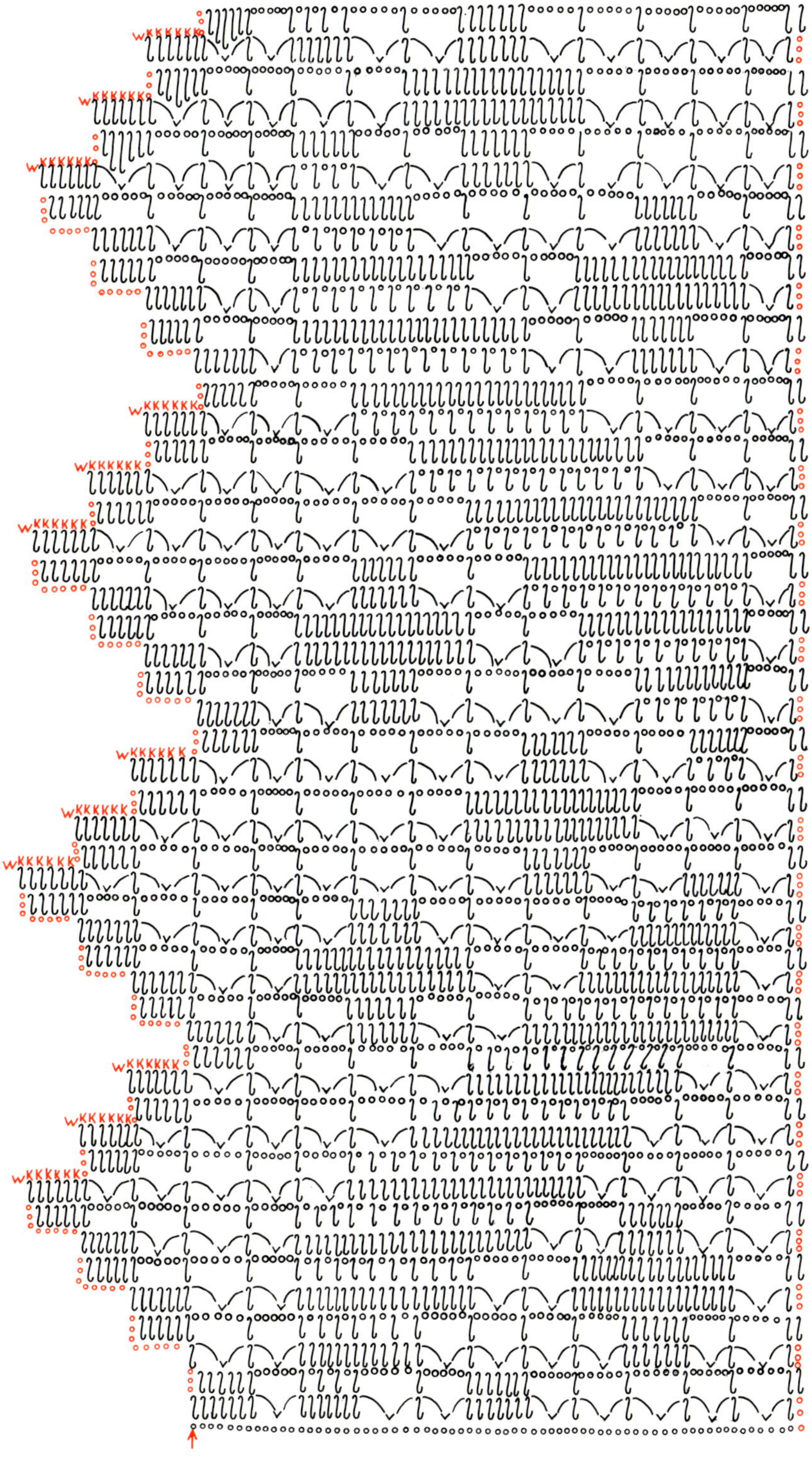

$\gamma\Gamma$ = 3 Lfm.

Einsätze

für Bettwäsche,
Folklore- und Trachtenblusen

1

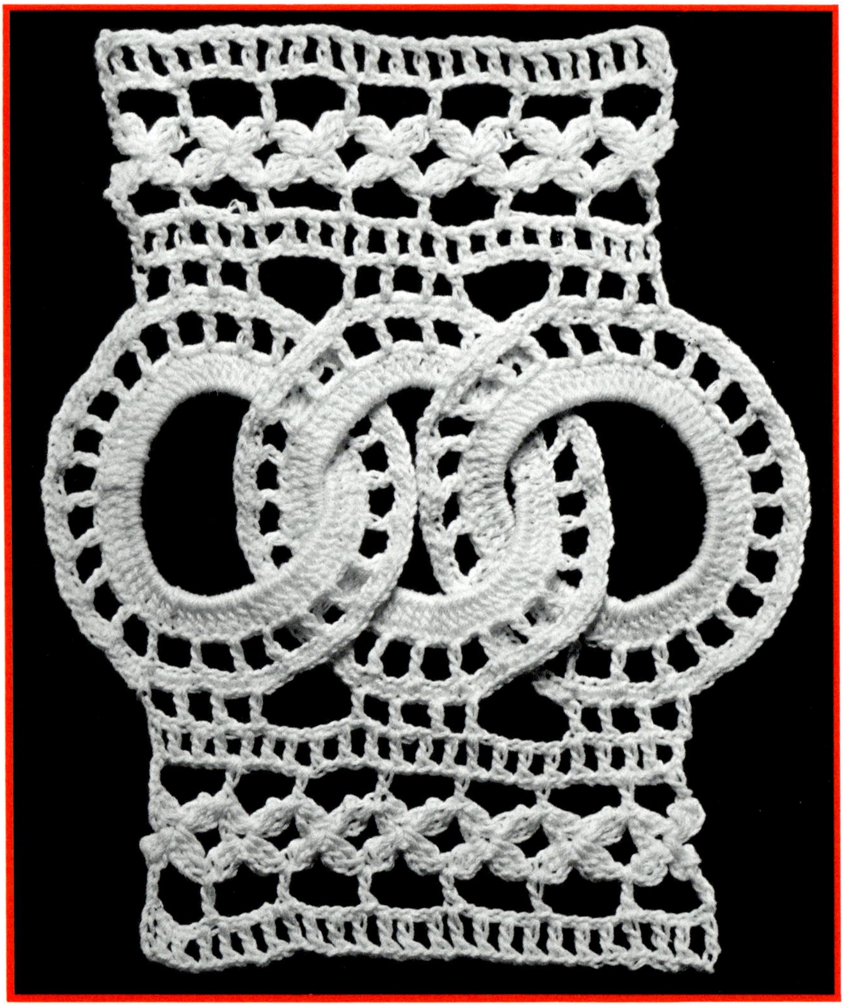

Die Luftmaschenkette des 2. und aller folgenden Ringe wird vor dem Schließen in den fertigen Ring »eingehängt«. Dann arbeiten Sie weiter, wie am 1. Ring. So kann man die Ringe auch auf verschiedene Arten zusammenhängen. Wenn sie genug Ringe haben, beginnen Sie mit ②.

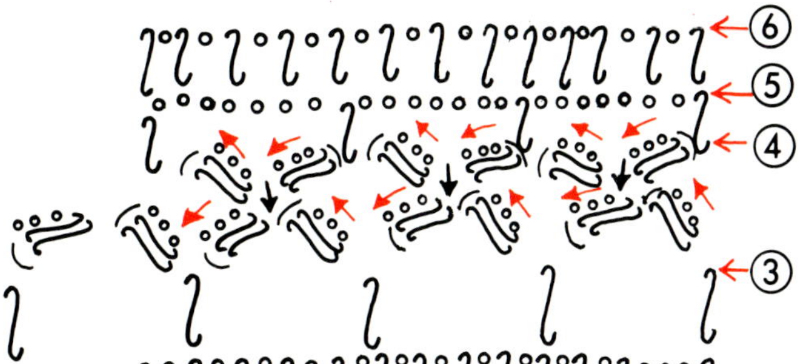

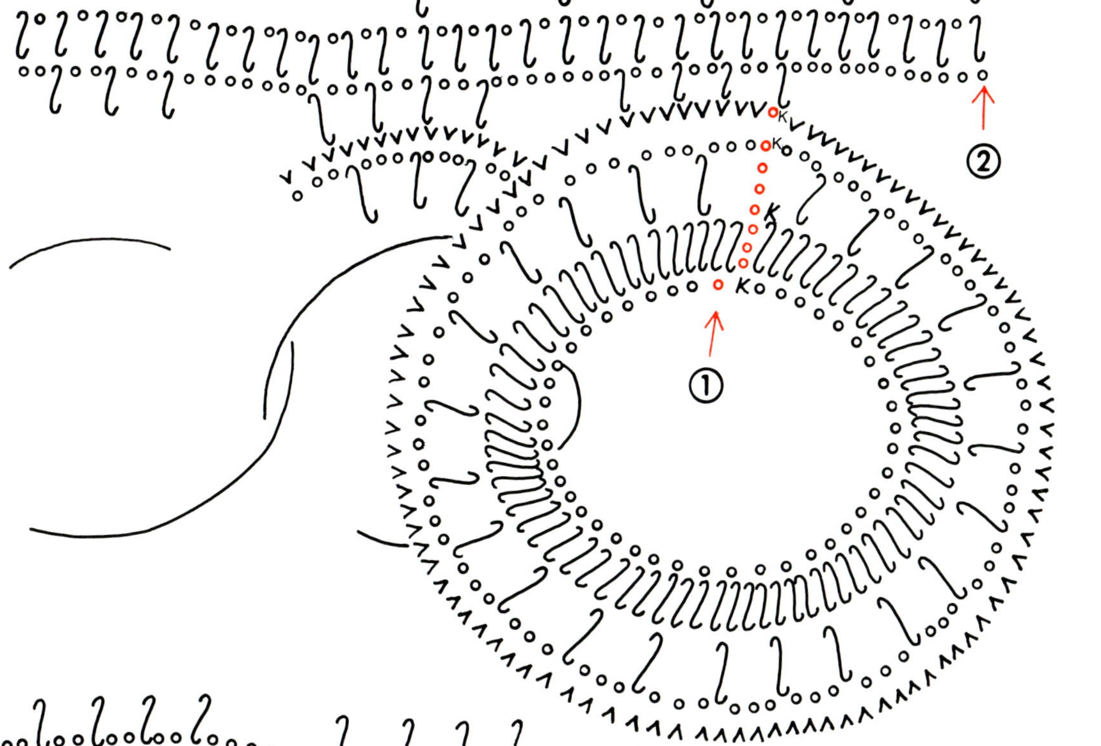

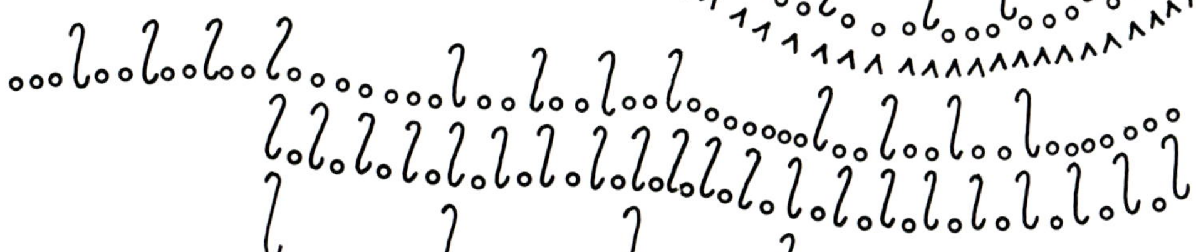

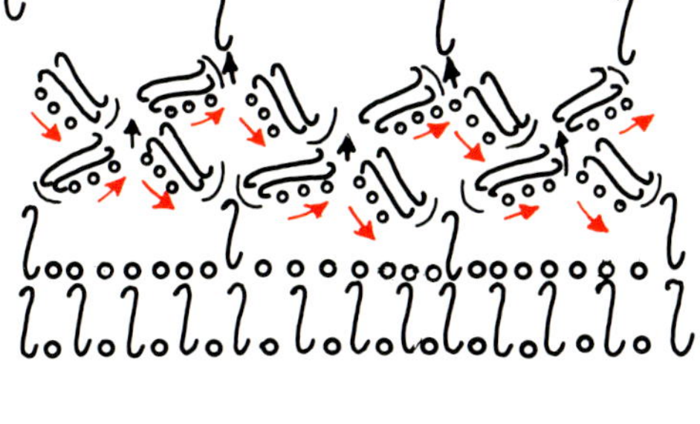

Durch Weglassen des unteren Randes erhalten Sie die passende Spitze (Titelspitze) zu diesem Einsatz.

2

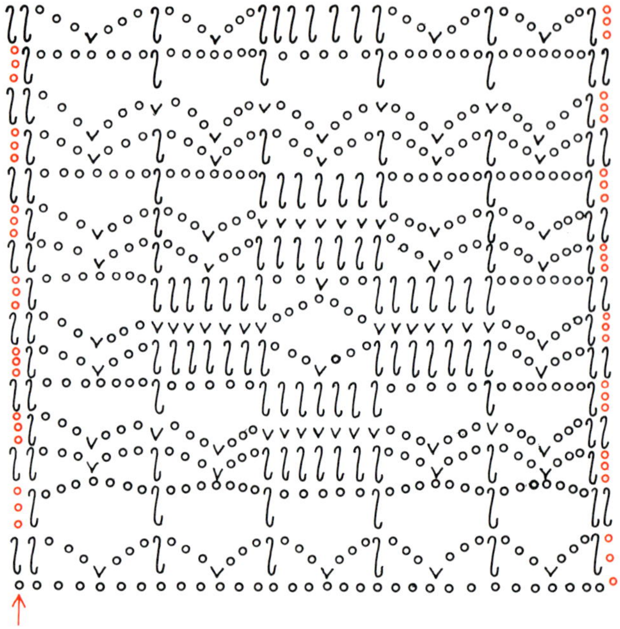

3

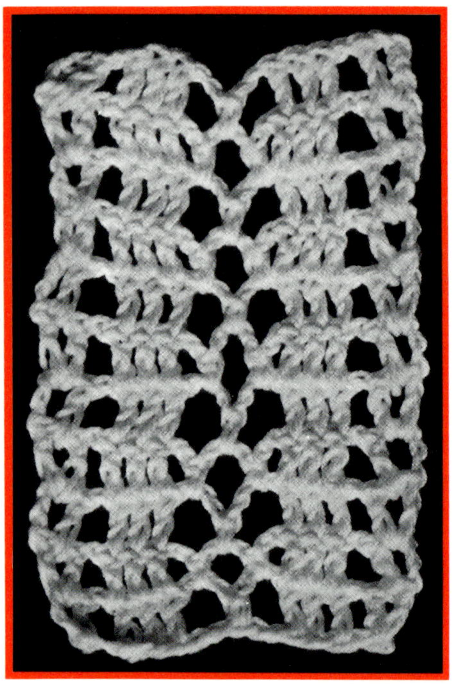

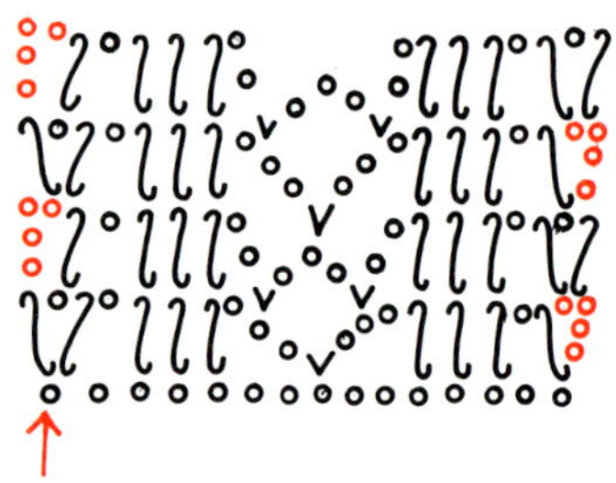

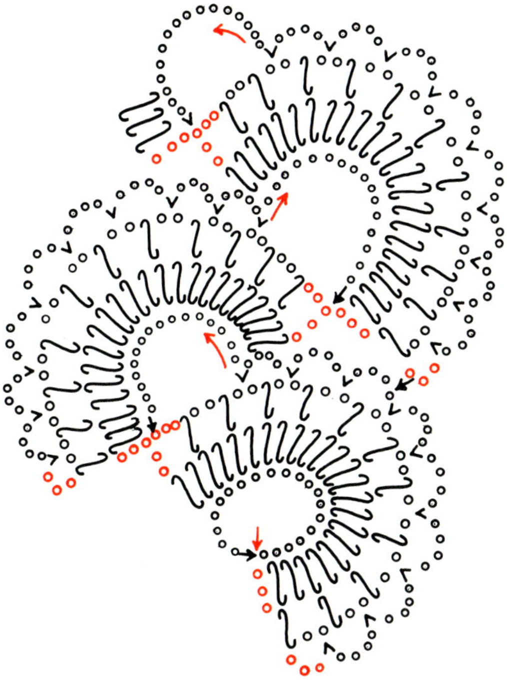

4

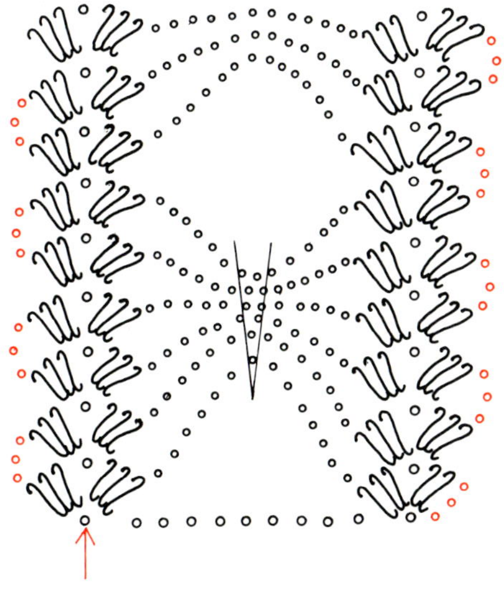

5

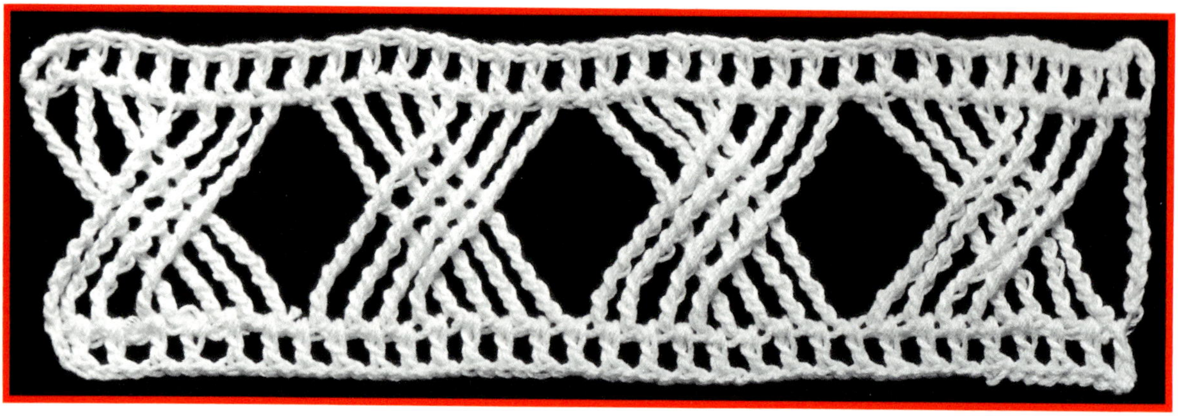

6

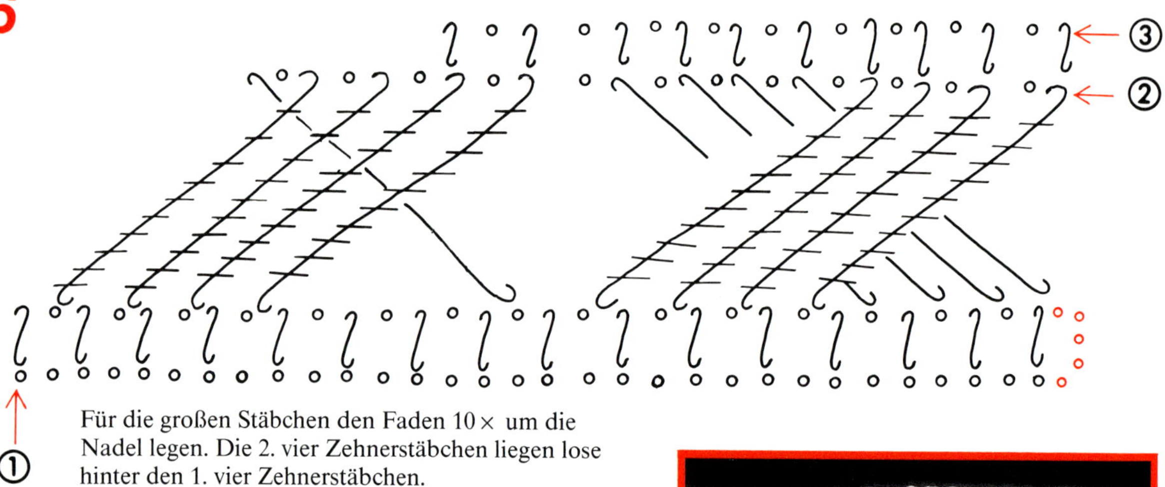

Für die großen Stäbchen den Faden 10 × um die Nadel legen. Die 2. vier Zehnerstäbchen liegen lose hinter den 1. vier Zehnerstäbchen.

7

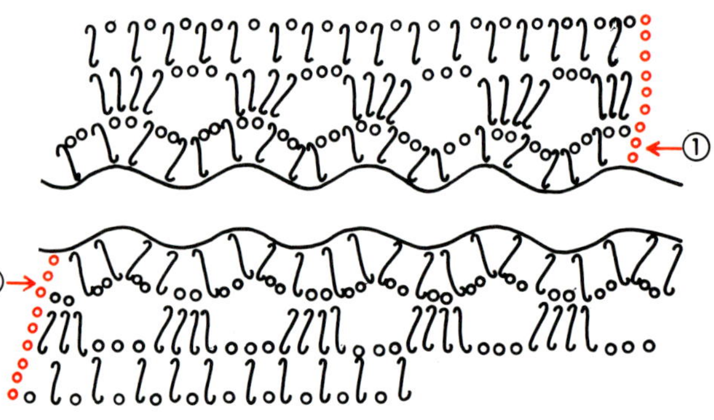

8

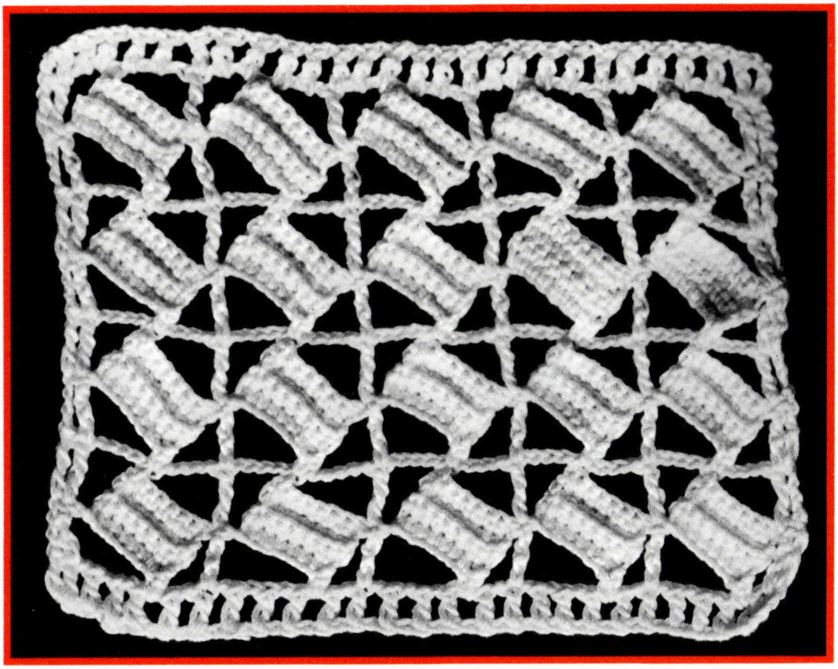

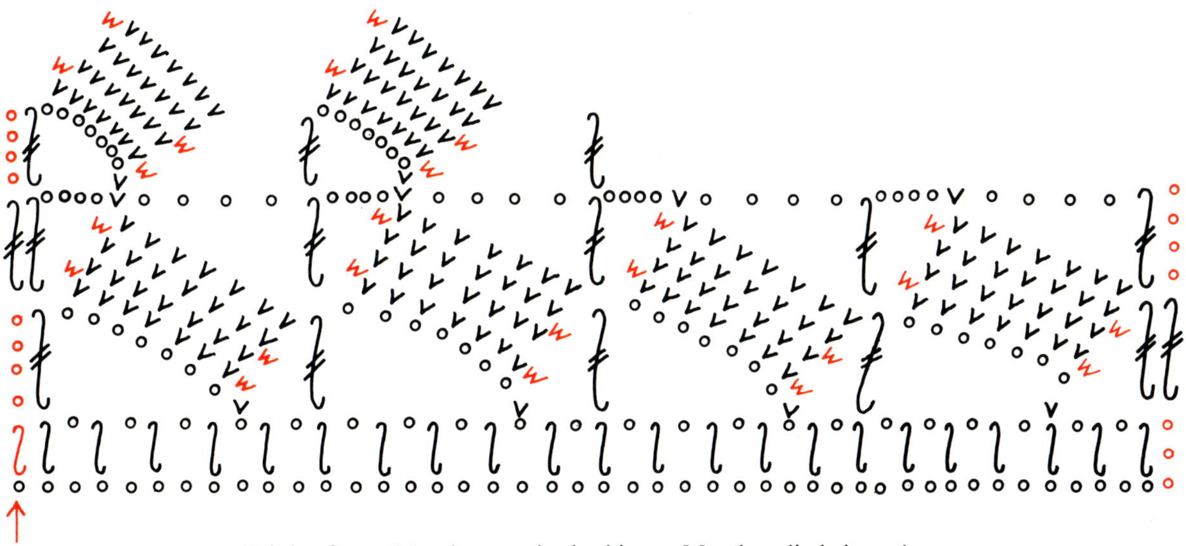

Bei den festen Maschen nur in das hintere Maschenglied einstechen.

9

V = Mit einer festen Masche werden die 3 Bögen zusammengefaßt.

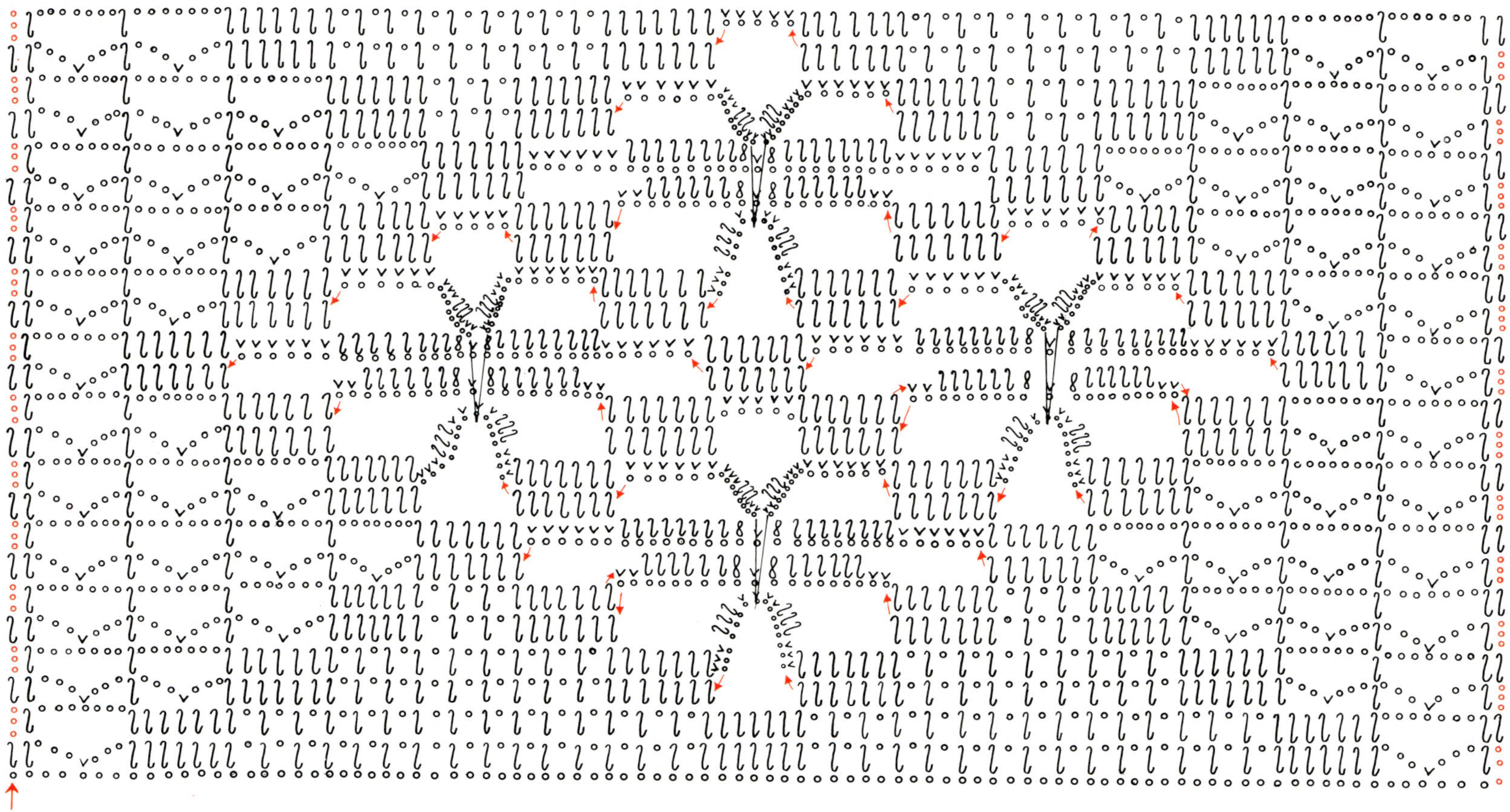

10

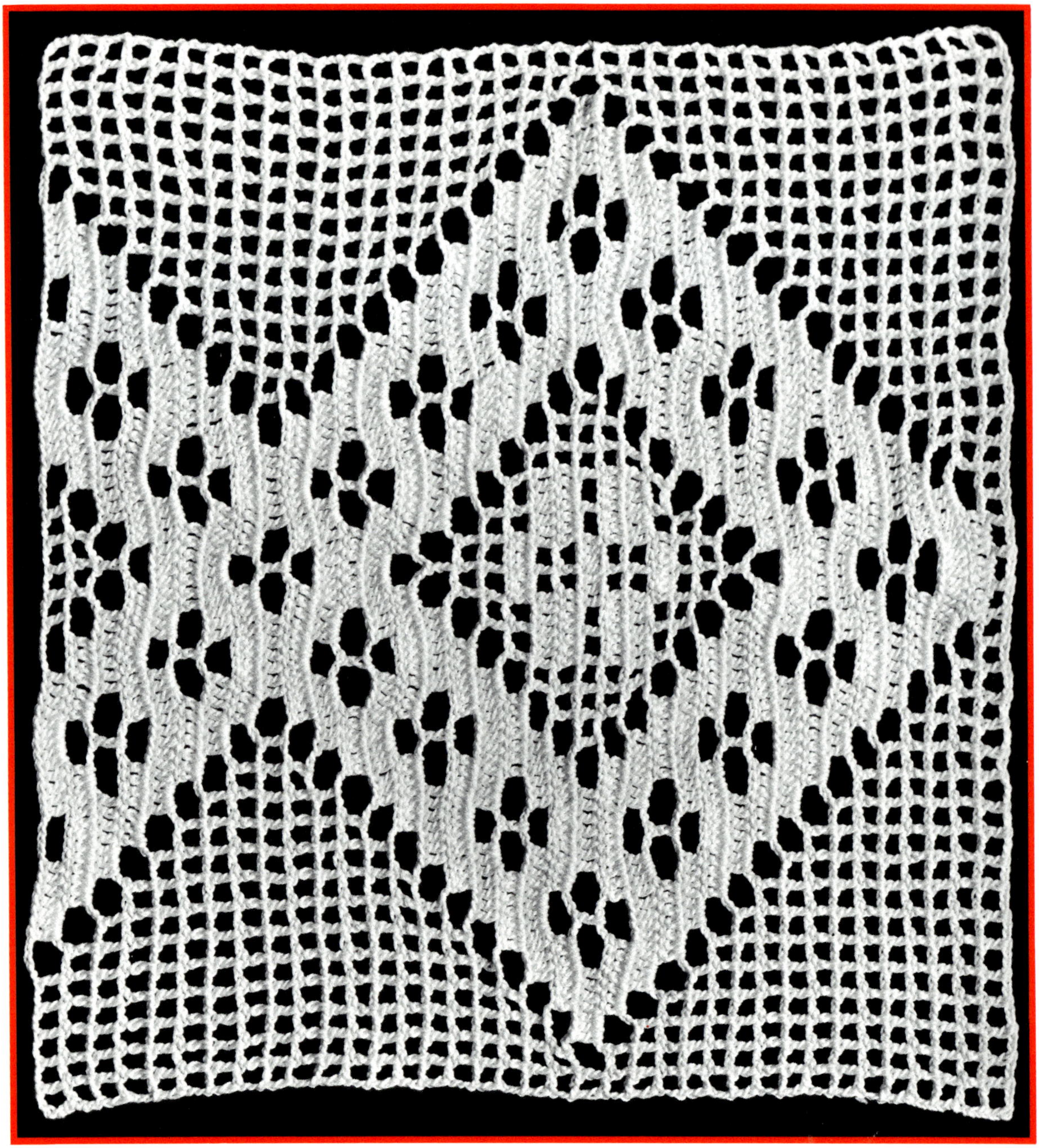

11

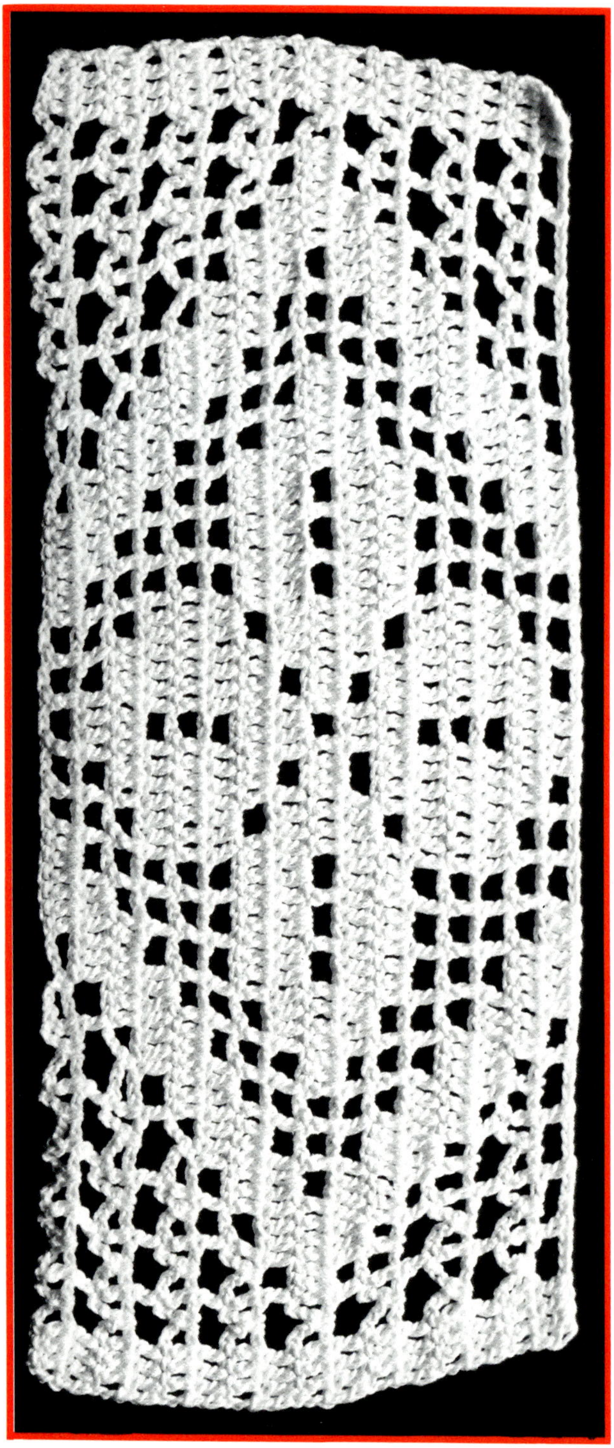

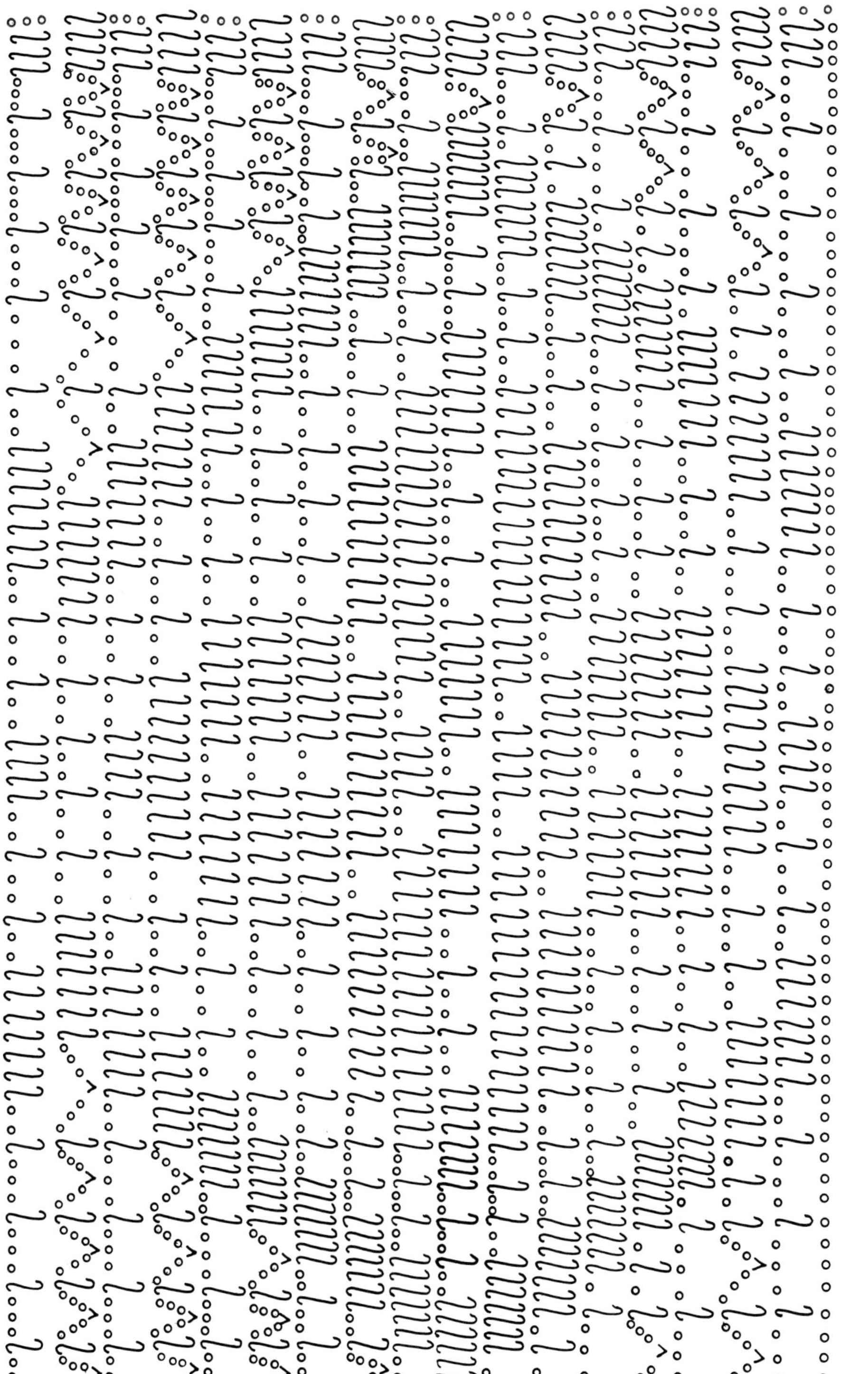

12

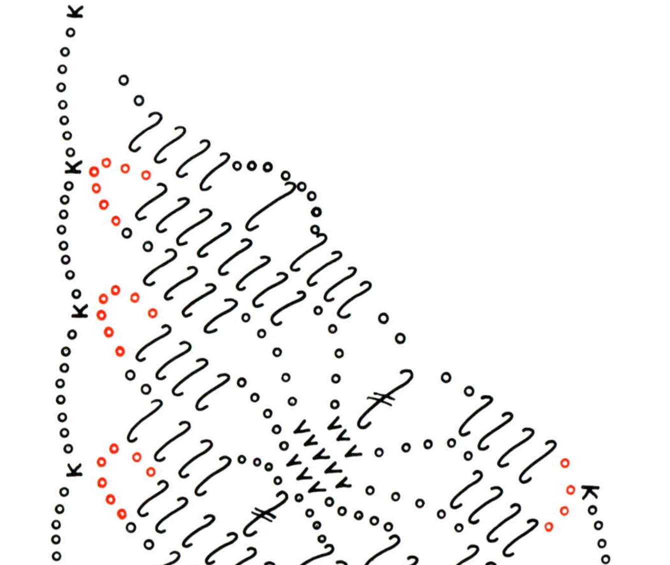

Einsätze mit Spitzen

eignen sich zum Verbinden einzelner Stoffbahnen
zu einer Tischdecke (zum Beispiel bei altem Bauernleinen),
bei Stoffhandtüchern oder bei einem Lampenschirm

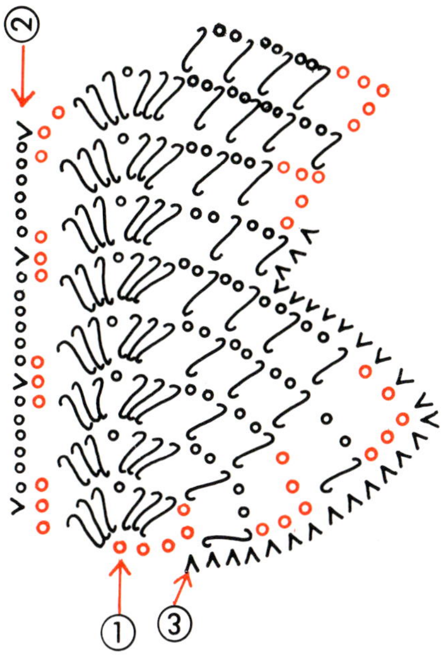

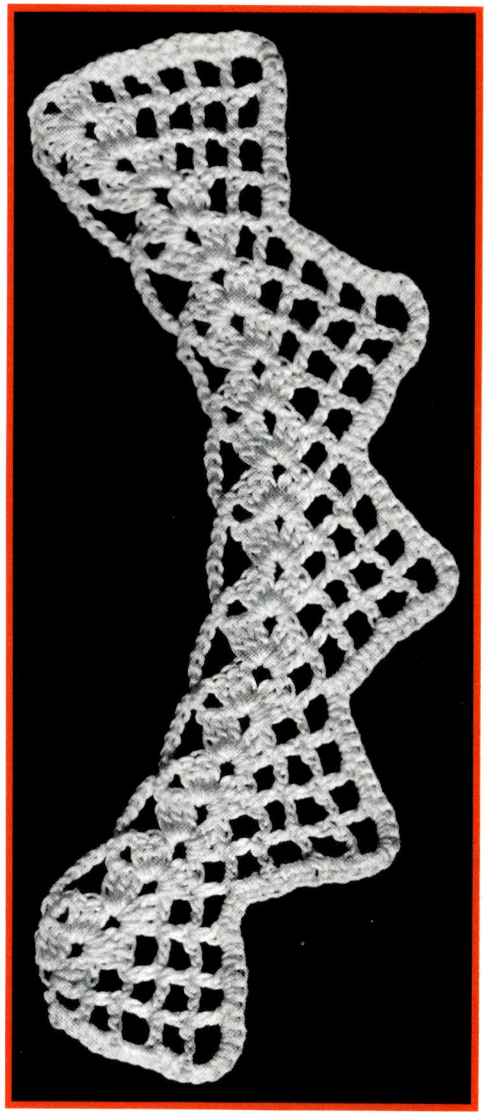

1

2

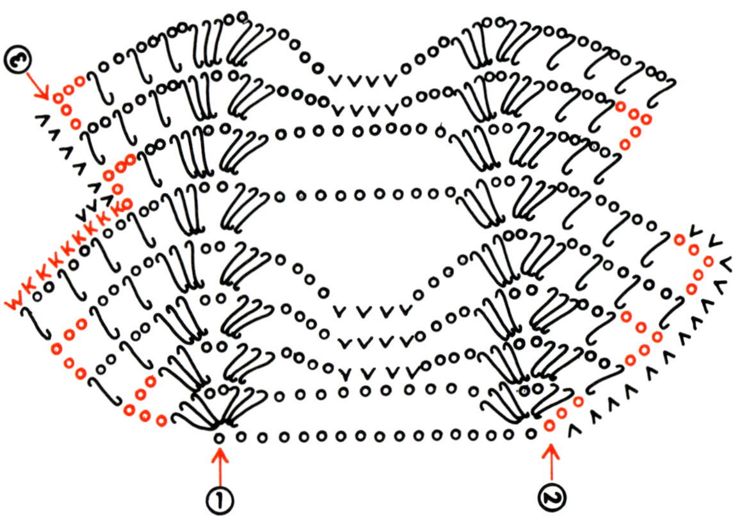

Bei dem alten Muster dieser Spitze war ein rosa Satinband durchgezogen.

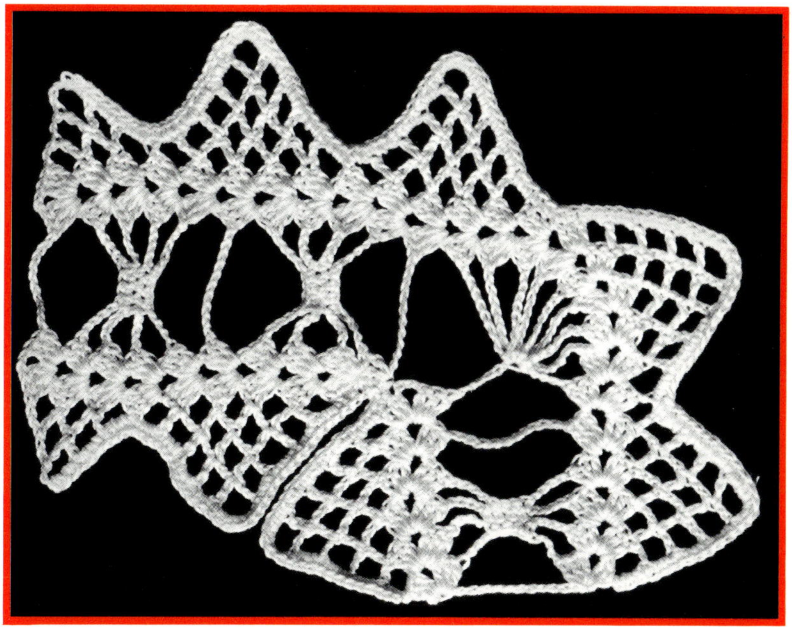

3

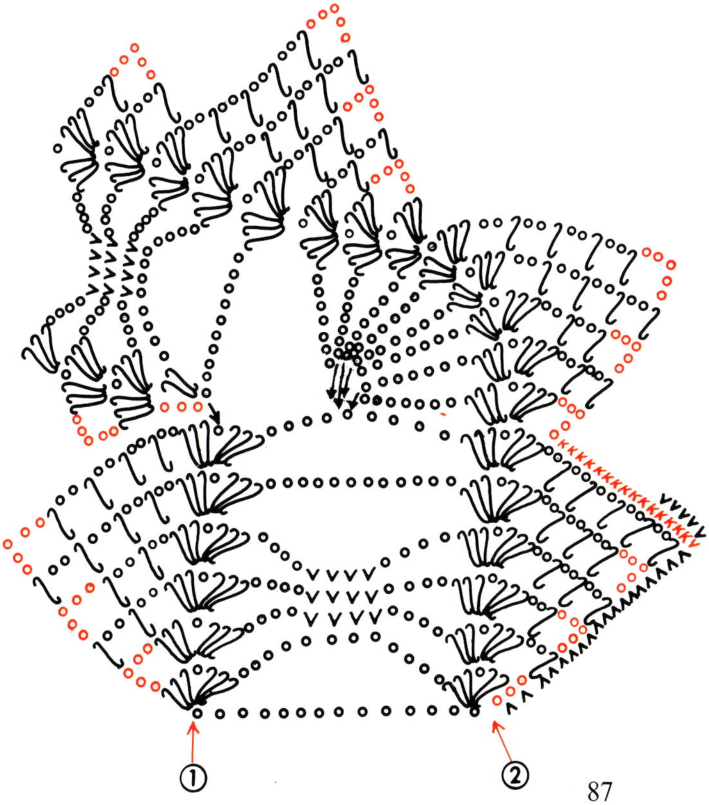

Die Ecke kann lose gearbeitet werden wie auf dem Foto oder fest durch Einhängen der Luftmaschen an den Stäbchen.

4

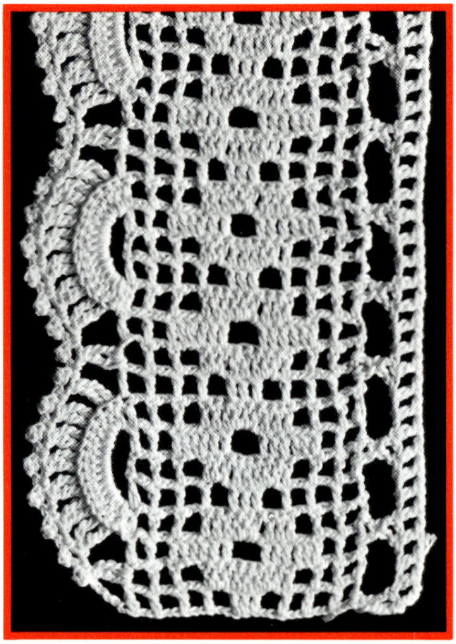

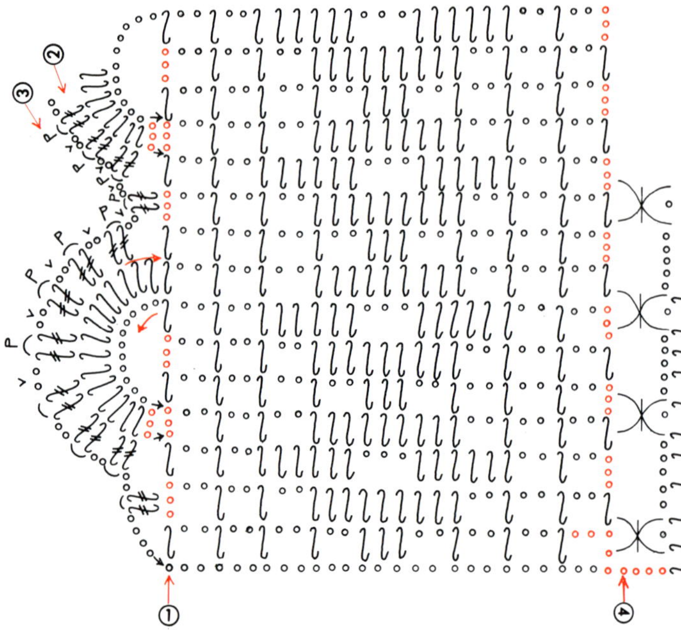

5

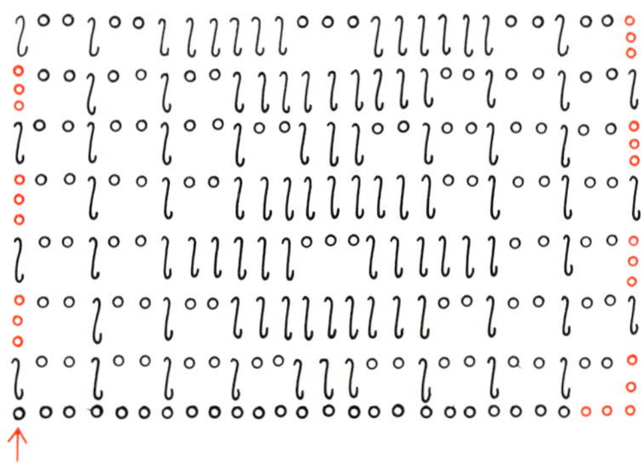

6

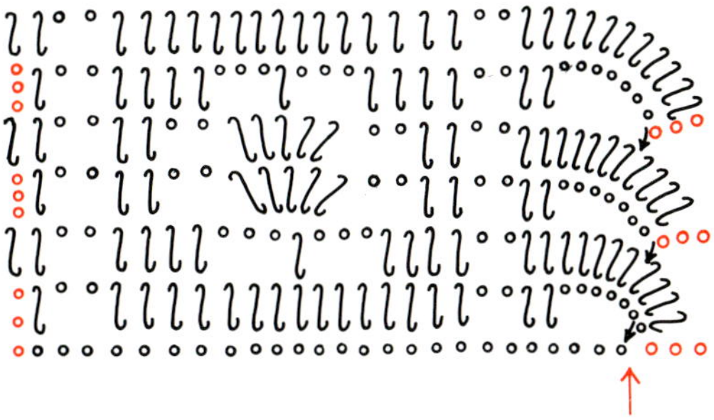

7

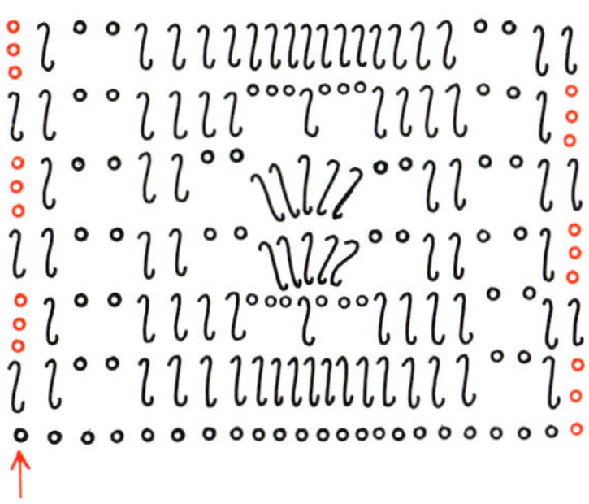

Bei den Stäbchen immer
in das hintere Maschenglied
einstechen.

8

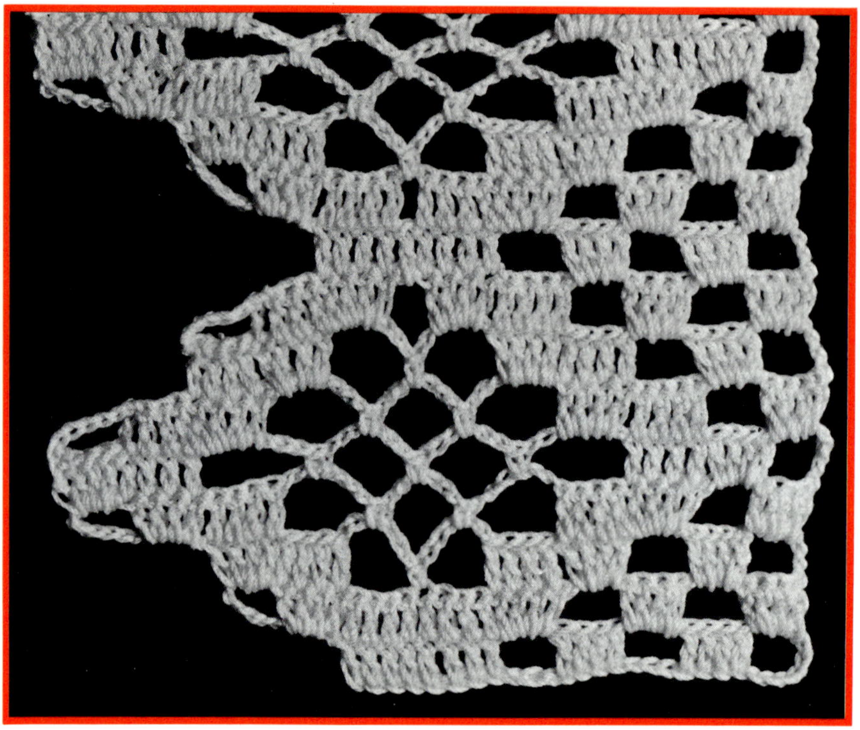

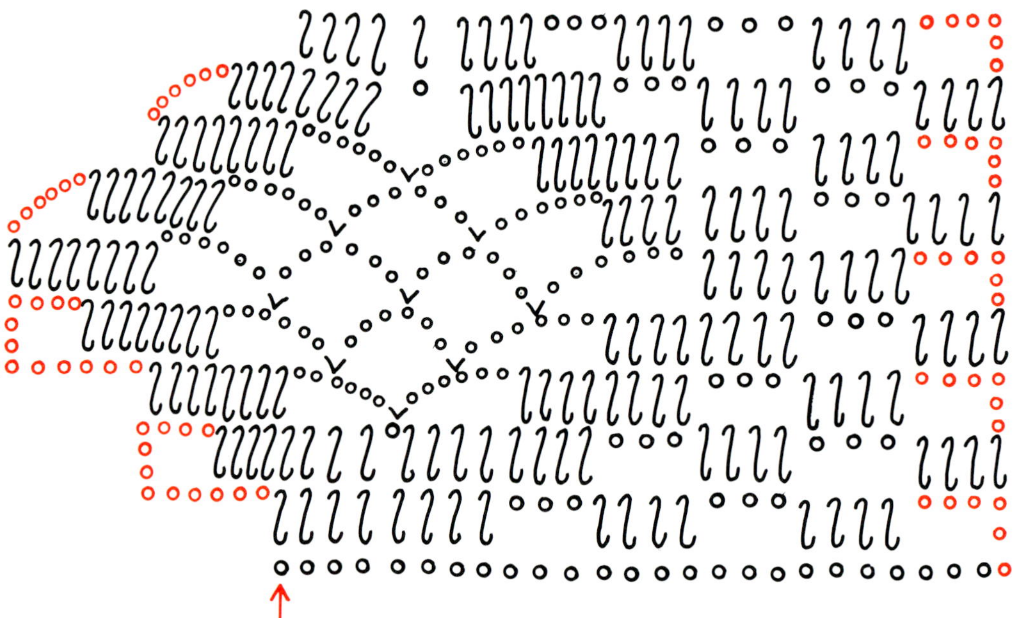

9

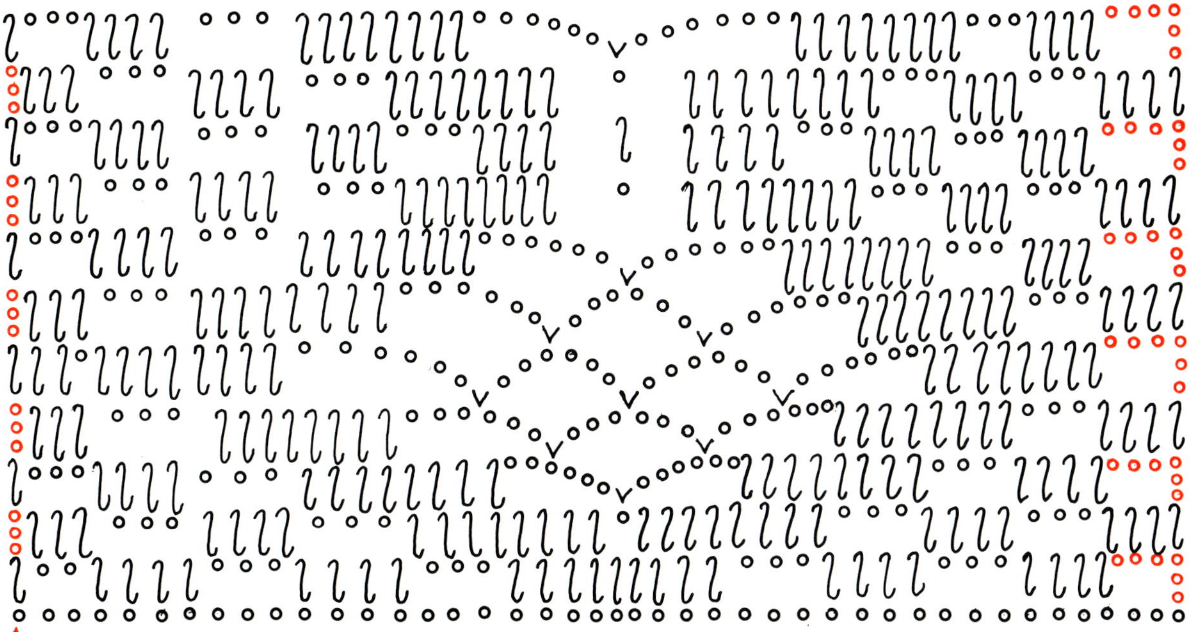

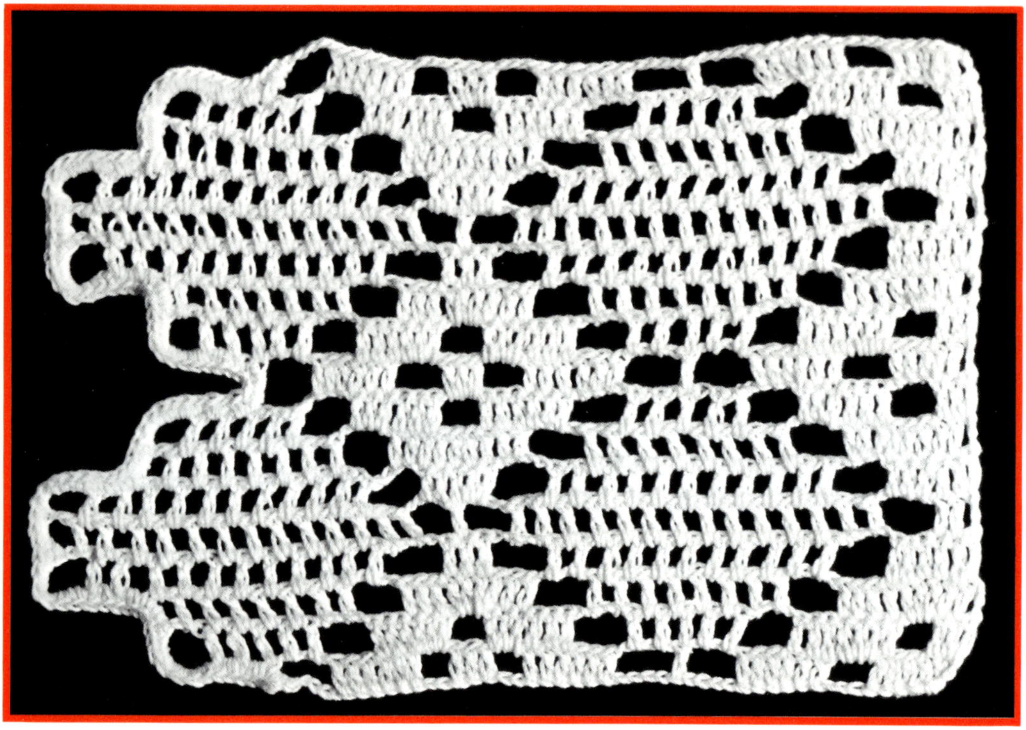

10

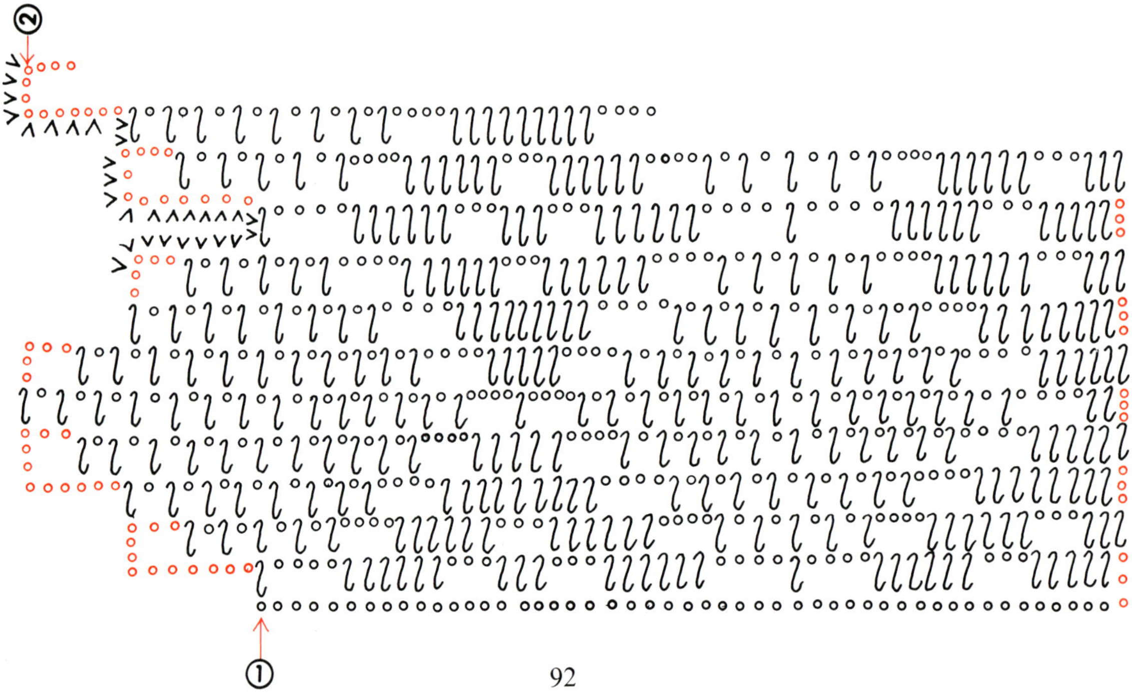

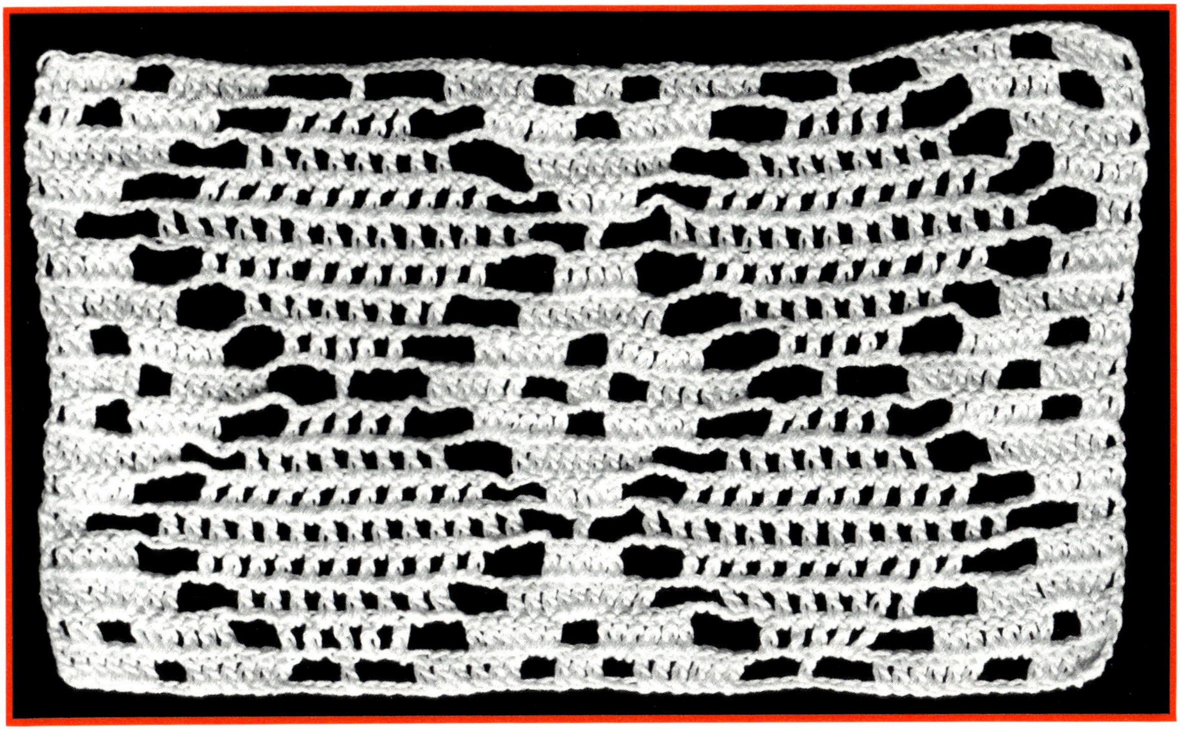

11

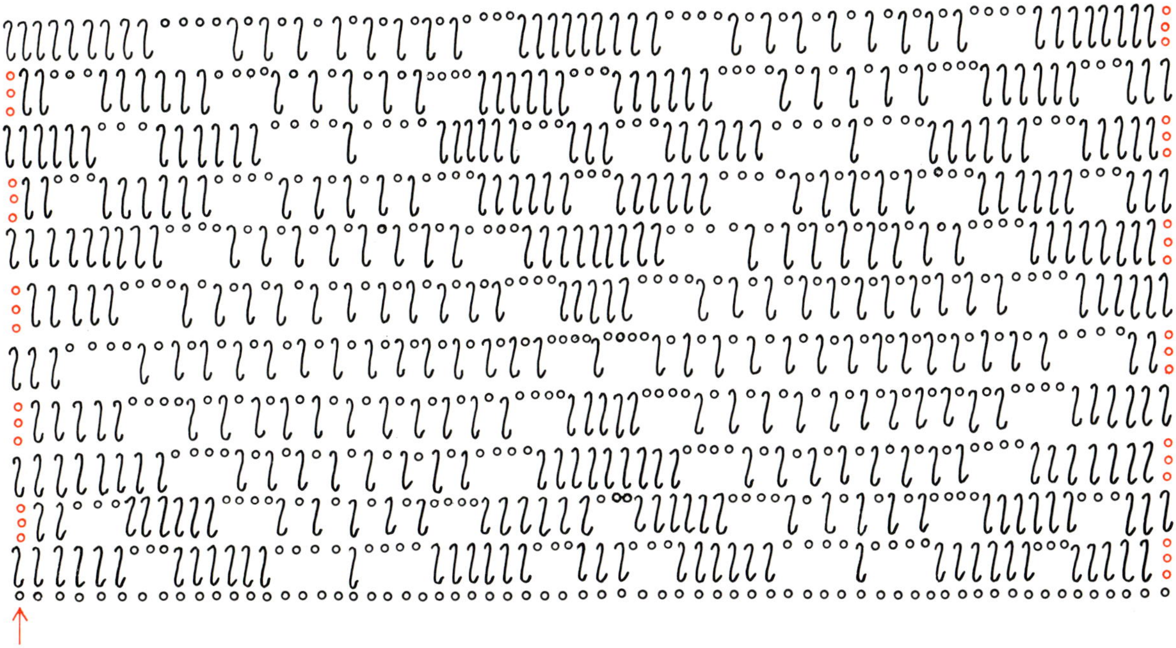

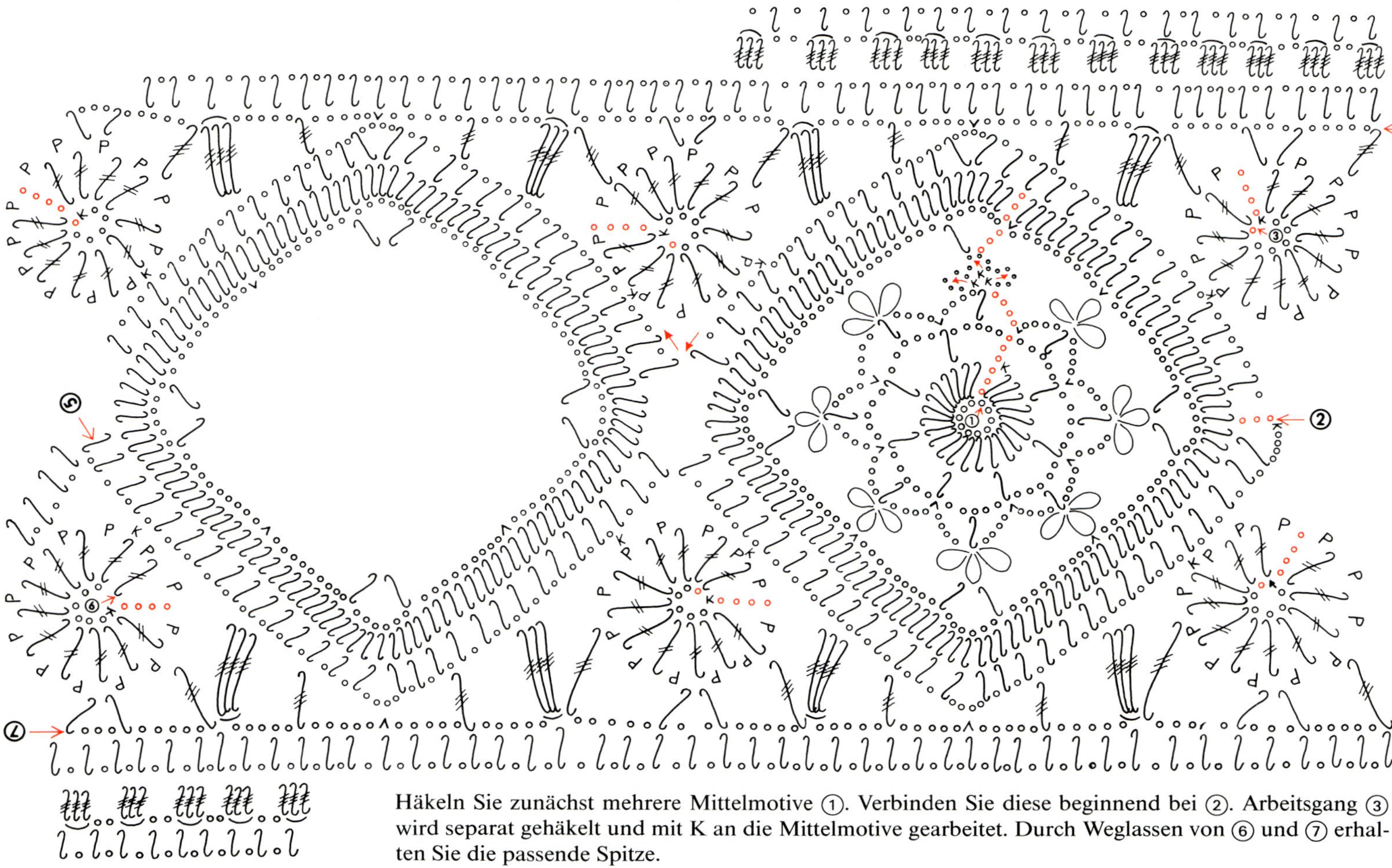

Häkeln Sie zunächst mehrere Mittelmotive ①. Verbinden Sie diese beginnend bei ②. Arbeitsgang ③ wird separat gehäkelt und mit K an die Mittelmotive gearbeitet. Durch Weglassen von ⑥ und ⑦ erhalten Sie die passende Spitze.

Besondere Spitzen

für Dirndlunterröcke, Kinderkleidchen und Bettwäsche.
Diese Spitzen können auch an Borten oder
sonstige Bänder gehäkelt werden.
Nr. 5 wurde an die Mitteldecke auf Seite 26 gearbeitet

Alle Spitzen dieses Kapitels in Runden oder hin- und hergehenden Reihen arbeiten.

1

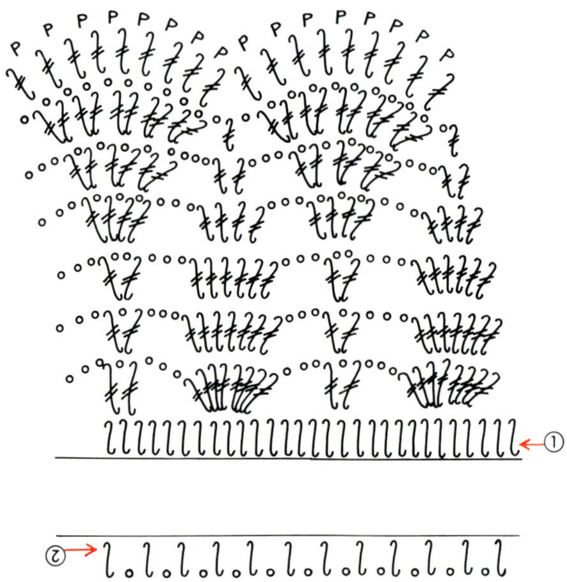

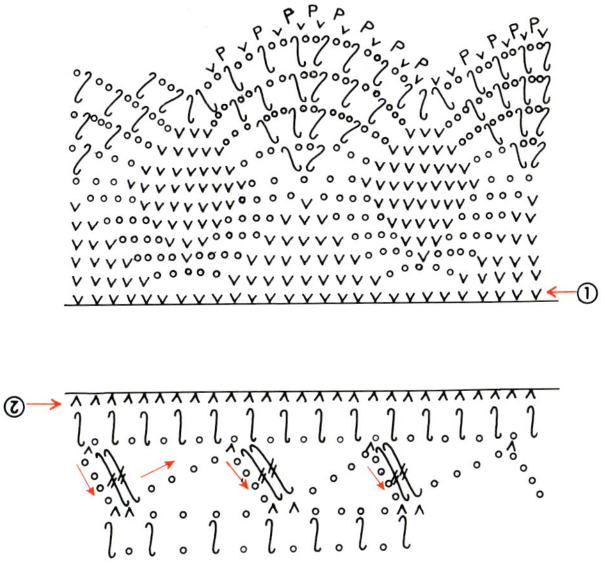

2

3

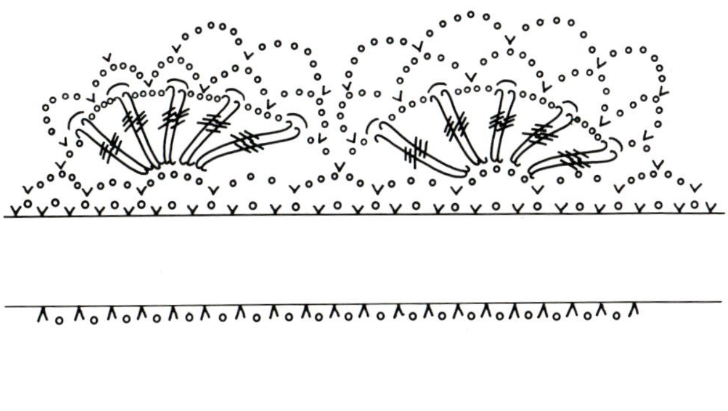

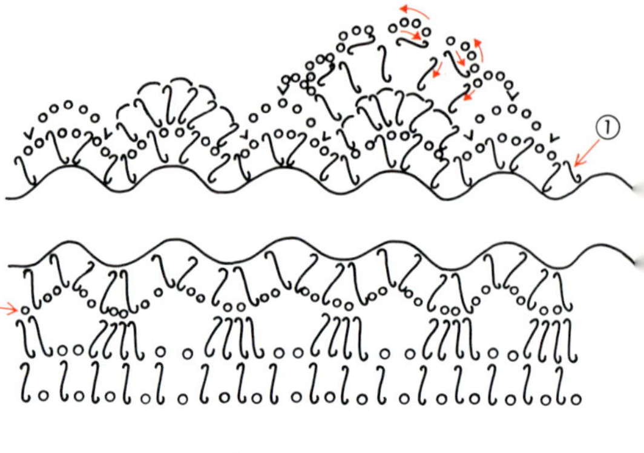

4

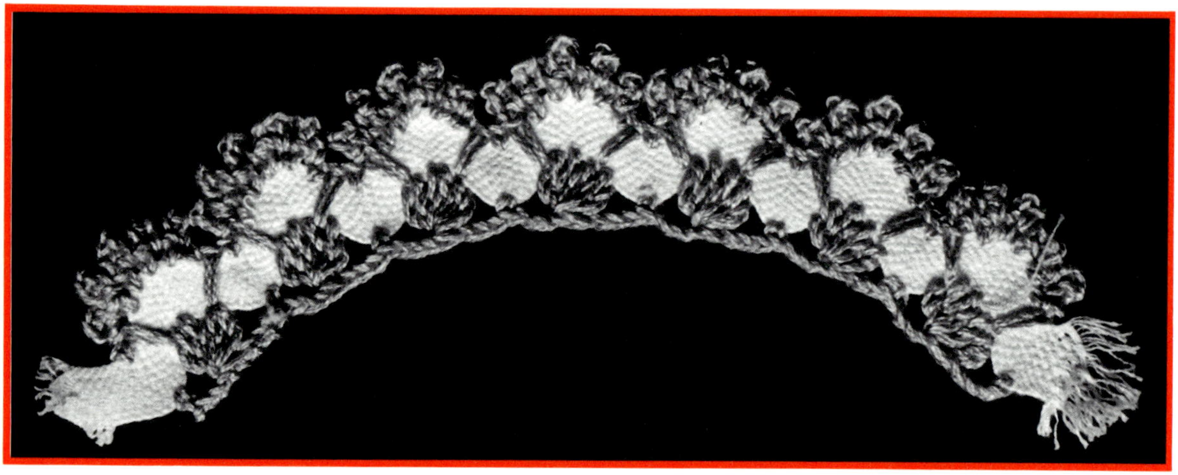

5

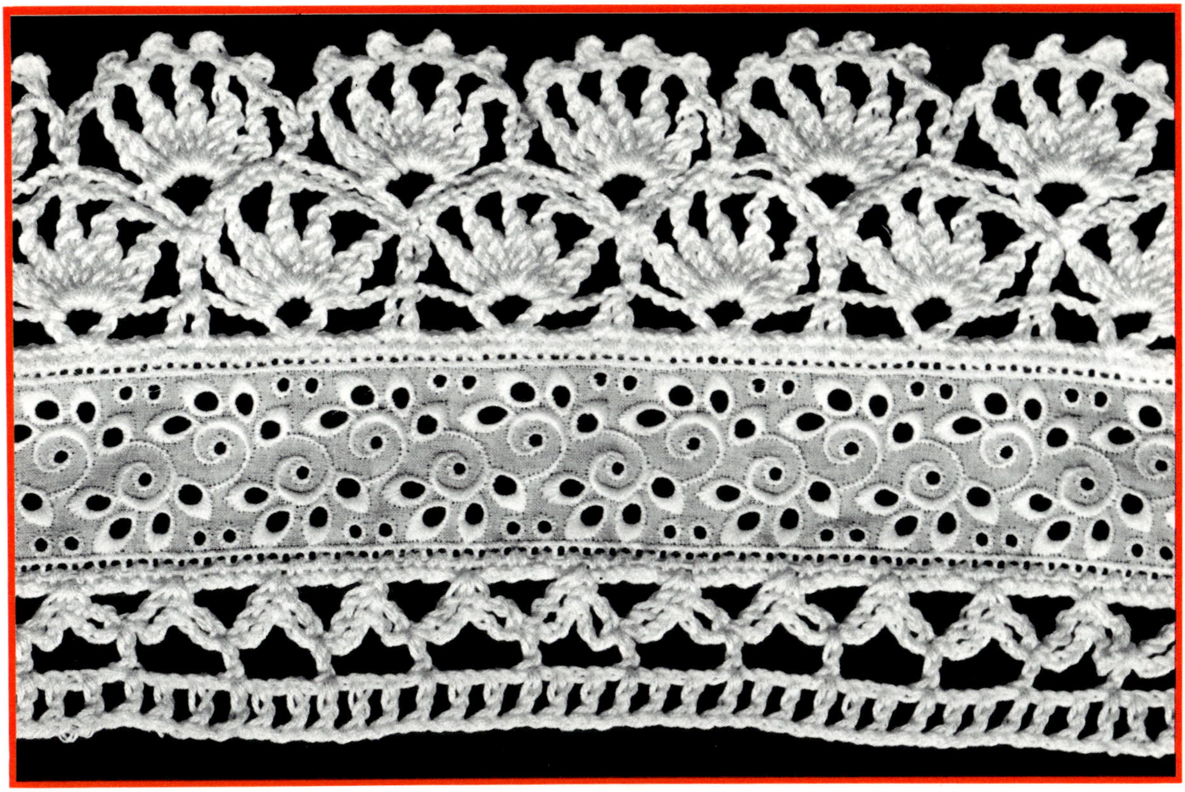

6

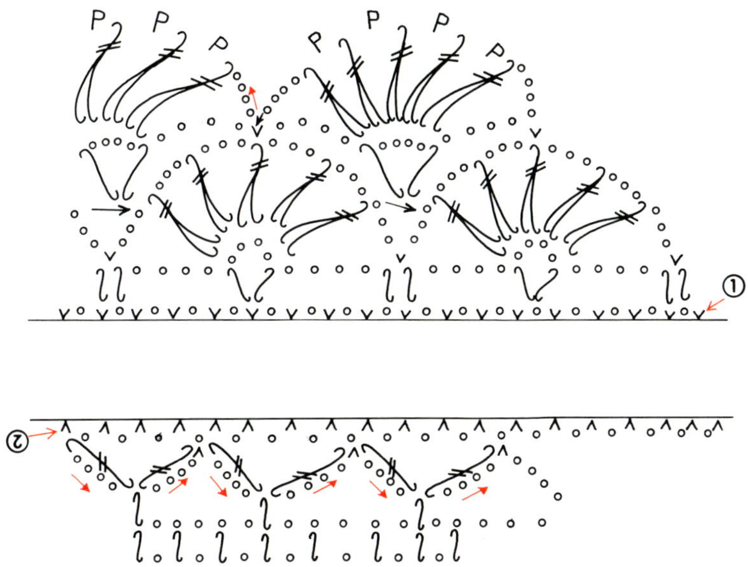

© 1984 ISBN 3-475-52433-3

Das Buch erscheint in der Reihe »Rosenheimer Raritäten« im Rosenheimer Verlagshaus
Alfred Förg GmbH & Co. KG, Rosenheim.
Es wurde gedruckt von der Druckerei Georg Appl in Wemding und gebunden bei R. Oldenbourg in Heimstetten.
Die Farbfotos stammen von Klaus Förg und Fritz Höllerer.
Alle Schwarzweißaufnahmen und das Umschlagfoto fotografierte Foto Rammel, Rosenheim.
Die Häkelmuster zeichnete Frau Ilse Schwaiger, München.